essentials

Essentials liefern aktuelles Wissen in konzentrierter Form. Die Essenz dessen, worauf es als „State-of-the-Art" in der gegenwärtigen Fachdiskussion oder in der Praxis ankommt. *Essentials* informieren schnell, unkompliziert und verständlich

- als Einführung in ein aktuelles Thema aus Ihrem Fachgebiet
- als Einstieg in ein für Sie noch unbekanntes Themenfeld
- als Einblick, um zum Thema mitreden zu können

Die Bücher in elektronischer und gedruckter Form bringen das Fachwissen von Springerautor*innen kompakt zur Darstellung. Sie sind besonders für die Nutzung als eBook auf Tablet-PCs, eBook-Readern und Smartphones geeignet. *Essentials* sind Wissensbausteine aus den Wirtschafts-, Sozial- und Geisteswissenschaften, aus Technik und Naturwissenschaften sowie aus Medizin, Psychologie und Gesundheitsberufen. Von renommierten Autor*innen aller Springer-Verlagsmarken.

Hartmut F. Binner

Ganzheitliches Veränderungs- und Wandlungsmanagement

Umsetzung mit dem MITO-Tool

Hartmut F. Binner
Prof. Binner Akademie GmbH
Hemmingen, Deutschland

ISSN 2197-6708 ISSN 2197-6716 (electronic)
essentials
ISBN 978-3-658-49776-7 ISBN 978-3-658-49777-4 (eBook)
https://doi.org/10.1007/978-3-658-49777-4

Die Deutsche Nationalbibliothek verzeichnet diese Publikation in der Deutschen Nationalbibliografie; detaillierte bibliografische Daten sind im Internet über https://portal.dnb.de abrufbar.

© Der/die Herausgeber bzw. der/die Autor(en), exklusiv lizenziert an Springer Fachmedien Wiesbaden GmbH, ein Teil von Springer Nature 2025

Das Werk einschließlich aller seiner Teile ist urheberrechtlich geschützt. Jede Verwertung, die nicht ausdrücklich vom Urheberrechtsgesetz zugelassen ist, bedarf der vorherigen Zustimmung des Verlags. Das gilt insbesondere für Vervielfältigungen, Bearbeitungen, Übersetzungen, Mikroverfilmungen und die Einspeicherung und Verarbeitung in elektronischen Systemen.
Die Wiedergabe von allgemein beschreibenden Bezeichnungen, Marken, Unternehmensnamen etc. in diesem Werk bedeutet nicht, dass diese frei durch jede Person benutzt werden dürfen. Die Berechtigung zur Benutzung unterliegt, auch ohne gesonderten Hinweis hierzu, den Regeln des Markenrechts. Die Rechte des/der jeweiligen Zeicheninhaber*in sind zu beachten.
Der Verlag, die Autor*innen und die Herausgeber*innen gehen davon aus, dass die Angaben und Informationen in diesem Werk zum Zeitpunkt der Veröffentlichung vollständig und korrekt sind. Weder der Verlag noch die Autor*innen oder die Herausgeber*innen übernehmen, ausdrücklich oder implizit, Gewähr für den Inhalt des Werkes, etwaige Fehler oder Äußerungen. Der Verlag bleibt im Hinblick auf geografische Zuordnungen und Gebietsbezeichnungen in veröffentlichten Karten und Institutionsadressen neutral.

Springer Gabler ist ein Imprint der eingetragenen Gesellschaft Springer Fachmedien Wiesbaden GmbH und ist ein Teil von Springer Nature.
Die Anschrift der Gesellschaft ist: Abraham-Lincoln-Str. 46, 65189 Wiesbaden, Germany

Wenn Sie dieses Produkt entsorgen, geben Sie das Papier bitte zum Recycling.

Was Sie in diesem *essential* finden können

- einen ganzheitlichen Analyse- und Gestaltungsansatz für ein standardisiertes Vorgehen bei der Umsetzung von unterschiedlichen Veränderungs(Change)-Management-Konzepten.
- eine Übersicht über die bisherigen Veränderungs- und Wandlungskonzepte und Vorgehensweisen aus wissenschaftlicher Sicht.
- die Funktionalität des MITO-Methoden-Tools für die standardisierte Umsetzung der unterschiedlichen Veränderungs-, Wandlungs- und weiterer *Zukunftsfähigkeits*konzepte.
- eine große Anzahl von Veränderungs-Portfoliomatrizen für die Analyse, Diagnose, Therapie und Evaluierung bei der Veränderungsprozess-Durchführung vor.
- die Forderung nach einer managementbezogenen Soft-Hardfacts-Balance für die Mitarbeiter bei der Umsetzung von Veränderungskonzepten.

Inhaltsverzeichnis

1	Einleitung	1
2	Historischer Rückblick auf das Veränderungs(Change)-Management	5
3	Ganzheitlicher MITO-Veränderungsmanagement-Gestaltungsansatz	11
4	Systematischer MITO-Methoden-Tool-Einsatz	13
5	Systematische Veränderungs-, Wandlungs-, Transformationsmanagement-Strategieauswahl	17
6	MITO-gestützte Transformationsmanagement-Umsetzung	21
7	MITO-gestützte Megatrend-Analyse	27
8	MITO-gestützte Wandlungsmanagement-Umsetzung	33
	8.1 MITO-Modell-bezogener Wandlungsfähigkeitsregelkreis	35
	8.2 Wandlungsziele und -strategien	36
9	MITO-gestützte Konfigurationsmanagement-Umsetzung	39
10	MITO-gestützte Arbeitswelt der Zukunft-Analyse	43
	10.1 Systematische Veränderungsanalyse	47
	10.2 Systematische Anforderungsanalyse	48
	10.3 Systematische Auswirkungsanalyse	49
	10.4 Systematische Changemanagement-Zielableitung	52
	10.5 Hauptansatzpunkte zur Organisations- und Prozessanpassung	54
	10.6 Agiles Business Process Management	56

11 MITO-Hard- und Softfacts-Führungsbalance bei
   Veränderungskonzepten 59
12 Zusammenfassung 63
Was Sie aus diesem *essential* mitnehmen können 65
Literatur. 67

Einleitung 1

Kap. 1 beschreibt die Notwendigkeit einer einheitlichen und standardisierten Vorgehensweise für die Umsetzung von Veränderungs-, Change-, Wandlungs-, Transformations-, Konfigurations-, Arbeitswelt der Zukunft- und weiteren *Zukunftsfähigkeits*-Bewertungskonzepten.

Kap. 2 gibt einen Überblick über die historische Entwicklung des *Veränderungsmanagement* mit den Lösungsansätzen aus wissenschaftlicher Sicht.

Kap. 3 beschreibt den hier vorgestellten ganzheitlichen Ansatz einer standardisierten, Vorgehensweise mit dem MITO-Modell zur Regelkreisstrukturvorgabe und dem MITO-Methoden-Tool als Umsetzungswerkzeug für unterschiedlichste Veränderungskonzepte.

Kap. 4 beschreibt die Funktionalität des MITO-Methoden-Tools zur Analyse, Diagnose, Therapie und Evaluierung von Veränderung-, Change-, Konfigurations-, Transformations-, Wandlungs- und weiteren Managementkonzepten zur Anpassung an die permanent stattfindenden internen und externen Veränderungsprozesse

Kap. 5 beschreibt über eine MITO-Modellsegmentbezogene Veränderungsanalyse, welche Anpassungsstrategien aus den Analyseergebnissen prozess- oder produktbezogen sinnvollerweise abzuleiten sind.

Kap. 6 beschreibt eine systematische Umsetzung der geschäftsmodellbezogenen fünf Transformationsfelder bestehend aus einer organisationalen, kulturellen, digitalen, smarten Produkt- und Nachhaltigkeitstransformation.

Kap. 7 analysiert die derzeitigen *Megatrends* mit ihren Auswirkungen auf die Organisation und leitet daraus die notwendigen Handlungsbedarfe für die Veränderungskonzepte ab, die dann in standardisierte Form mit den MITO-Methoden-Tool umgesetzt werden.

© Der/die Autor(en), exklusiv lizenziert an Springer Fachmedien Wiesbaden GmbH, ein Teil von Springer Nature 2025
H. Binner, *Ganzheitliches Veränderungs- und Wandlungsmanagement*, essentials, https://doi.org/10.1007/978-3-658-49777-4_1

Kap. 8 erläutert über einen vorgegebenen Wandlungsfähigkeits-Regelkreis die standardisierte Umsetzung des *Wandlungsmanagements* mit der Beschreibung von Wandlungszielen, Strategien und Wandlungsbarrieren.

Kap. 9 erläutert den ganzheitlichen MITO-Konfigurationsmanagement-Ansatz in zwölf Masterplanschritten mit dem Wandel von der funktionsorientierten zur prozessorientierten Organisation.

In Kap. 10 wird eine „Arbeitswelt der Zukunft"-Analyse, bestehend aus einer systematischen Veränderungs-, Anforderungs-, Auswirkungs- und Zielableitungsanalyse mit dem MITO-Methoden-Tool durchgeführt.

Kap. 11 erläutert die Notwendigkeit der managementbezogenen Hard- und Softfacts-Balance in Bezug auf eine erfolgreiche Mitarbeiterführung bei der Umsetzung von Veränderungskonzepten.

Fast alle Organisationen und Institutionen beschäftigen sich aufgrund der Globalisierung, schnelleren Marktzyklen, Digitalisierung von Geschäftsmodellen, Lieferkettenstörungen, Fachkräftemangel, steigenden Nachhaltigkeitsanforderungen und Kundenansprüchen permanent mit der Herausforderung, ihr Geschäftsmodell zukunftsfähig zu gestalten, um nachhaltig in ihrem Wettbewerbsumfeld zu bestehen. Hierbei kommen unterschiedliche Begriffe wie: „*Veränderungsmanagement, Changemanagement, Wandlungsmanagement,* Organisationsentwicklung, Transformationsmanagement, Konfigurationsmanagement oder auch Zukunftsmanagement" zur Anwendung, die häufig synonym benutzt werden, aber doch wie nachfolgend erläutert, unterschiedliche Inhalte besitzen, im Grunde aber das gleiche Ziel verfolgen, die Veränderungs- und Wandlungsfähigkeit des Unternehmens beziehungsweise der Organisation zu stärken und sicherzustellen. Bei Wikipedia werden unter „*Veränderungsmanagement*" alle Aufgaben, Maßnahmen und Tätigkeiten zusammengefasst, die eine umfassende, bereichsübergreifende und inhaltlich weitreichende Veränderung zur Umsetzung neuer Strategien, Strukturen, Systeme, Prozesse oder Verhaltensweisen in einer Organisation bewirken.

Die Vielzahl dieser einleitend genannten Veränderungsformen erfordert eine strategische Neuausrichtung, häufig gegen den Widerstand interner Interessengruppen, am Bewährten festzuhalten um keine Macht- oder Kompetenzverluste zu erleiden. Notwendig ist ein ganzheitlicher Gestaltungsansatz für die Handhabung tiefgreifender Veränderungsprozesse, der in standardisierter Form über eine systematische Vorgehensweise den Veränderungs-, Wandlungs- und Transformationsprozess aber auch weitere Veränderungskonzepte über alle Phasen – wie im MITO-Modell in Abb. 1.1 als Regelkreis abgebildet – begleitet. Hierbei gibt das allgemeingültige MITO-Modell mit dem darin enthaltenen prozessorientierten Managementansatz die Struktur für die Umsetzung des Veränderungsprozess in 5 Phasen vor.

1 Einleitung

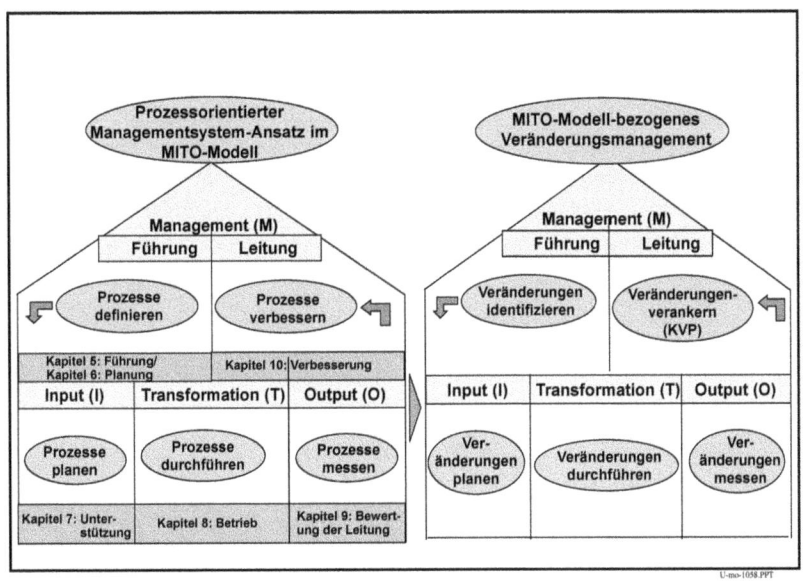

Abb. 1.1 Allgemeingültiger MITO-Modell-bezogener „Prozessorientierter Management-System-Ansatz"

Das MITO-Modell bildet diesen prozessorientierten Managementsystem-Ansatz innerhalb der 5 MITO-Modellsegmente:

„Führung, Input Transformation, Output, Leitung"

in der High Level Structure (HLS) für integrierte Managementsysteme (IMS) in Verknüpfung mit dem PDCA-Verbesserungszyklus als Regelkreis ab. Hierbei sind die einzelnen HLS-Kapitel wie folgt zugeordnet:

- HLS – Kap. 5. „Führung" und Kap. 6 „Planung" dem MITO-Führungssegment (Act 1)
- HLS – Kap. 7. „Unterstützung (Ressourcen)" dem MITO-Outputsegment (Plan)
- HLS – Kap. 8. „Betrieb" dem MITO-Transformationssegment (Do)
- HLS – Kap. 9. „Bewertung der Leistung" dem MITO-Outputsegment (Check)
- HLS – Kap. 10. „Verbesserung" dem MITO-Leitungssegment. (Act 2)

Das MITO-Modell in seiner Funktion als Meta- bzw. Referenzmodell enthält damit eine allgemeingültige regelkreisorientierte Strukturvorgabe für die standardisierte Gestaltung von vielen unterschiedlichen managementspezifischen Organisationsprojekten oder -konzepten und findet deshalb auch in modifizierter Form, wie Abb. 1.1 zeigt, beim Veränderungs(Change)- Management, *Wandlungsmanagement* und Transformationsmanagement sowie weiteren nachfolgend genannten Veränderungskonzepten strukturiert. Wichtigstes Hilfsmittel für die Umsetzung ist dabei das in Kap. 4 erläuterte MITO-Methoden-Tool.

Historischer Rückblick auf das Veränderungs(Change)-Management 2

Aus wissenschaftlicher Sicht geht das *Veränderungsmanagement* auf die Organisationsentwicklungansätze in den USA der 1930er Jahre mit den Wissenschaftlern Fritz Roethlisberger und Mayo zurück. Bei diesen ersten Instrumenten zur Gestaltung von Änderungsprozessen unter der Bezeichnung „Organisationsentwicklung (OE)" werden Manager/innen und Fachbereiche befähigt, interne und externe Anforderungsveränderungen wahrzunehmen und systematische Lösungen zu entwickeln, (Human-Relations-Ansatz). In diesem Prozess erarbeiten sich die Mitarbeiter selbst die notwendigen Maßnahmen und setzen diese auch um. Dies führt zu einer gravierenden Leistungssteigerung und zu einer höheren Leistungsfähigkeit der Mitarbeiter, (Organizational behavior).

In den 1940er Jahren hat der Psychologe und Sozialwissenschaftler Kurt Lewin (1890-1947) ein Change-Management-3 Phasen-Modell entwickelt, das die charakteristischen Phasen eines erfolgreichen Change-Managements, aber auch typische emotionale Reaktionen und Effizienzveränderungen identifiziert. Kurt Lewin´s 3 Phasen-Modell basiert auf der sogenannten „Feldtheorie", die sich aus zwei grundsätzlichen Kraftfeldern zusammensetzt, die in Organisationen wirken. Zum einen sind es im ersten Kraftfeld die Kräfte, die den Erhalt des Status Quo fördern, d. h. Sicherheitsstreben, Gewohnheit, Angst vor Veränderungen. Zum zweiten die Kraftfelder, welche Veränderungen provozieren, beispielsweise neue Wettbewerber, neue Technologien, neues wirtschaftliches Umfeld. Damit jetzt ein Wandel erfolgen kann, muss nach den nachfolgend beschriebenen 3-Phasenmodellen von Kurt Levin als erstes das Gleichgewicht vorrübergehend zugunsten der drängenden Veränderungskräfte verschoben werden. Um diese Auflösung des Gleichgewichts zu veranlassen und dabei die Widerstände der Betroffenen zu verringern, hält es Lewin für sinnvoll, die Beharrungskräfte zu

© Der/die Autor(en), exklusiv lizenziert an Springer Fachmedien Wiesbaden GmbH, ein Teil von Springer Nature 2025
H. Binner, *Ganzheitliches Veränderungs- und Wandlungsmanagement*, essentials, https://doi.org/10.1007/978-3-658-49777-4_2

verringern und die Veränderungskräfte über die nachfolgend beschriebenen drei Phasen zu verstärken.

In Phase 1 Auftauen (Unfreezing) erfolgt als erstes die Vorbereitung auf die Veränderung, beispielsweise durch Analyse, Diskussionen, Informationen, damit in dieser Phase des Auftauens die drängenden Kräfte Überhand gewinnen und ein Veränderungsbewusstsein initiiert wird.

In Phase 2 Bewegen (Changing) werden jetzt Lösungen generiert und Änderungen auch durchgeführt. Neues wird ausprobiert, Reaktionsweisen werden herausgebildet und der Status Quo verlassen. Dies erfolgt durch Schulung, Choaching, Verantwortungsübernahme und Überwachen der Prozesse.

In Phase 3 Einfrieren (Refreezing) versteht Lewin die Um- und Eingewöhnung an die neue Situation. Hierbei bietet man den Mitarbeitern die Gelegenheit, sich an die neue Situation zu gewöhnen. Die Beschäftigten sollten durch Übung und Schulung neue Routinen ausbilden. Ein Rückfall in die alten Strukturen sollte, wenn nötig, durch Verbote unterbunden werden.

Für einen Changemanagementprozess ist es also sehr wichtig, diese 3 Phasen zu kennen. Sie lassen sich in Abb. 2.1 über das MITO-Modell als Erfolgschangemanagement-Kreislauf abbilden.

Beim *Changemanagement* steht der Mensch entscheidend im Mittelpunkt, weil er ja diese Veränderungen zum großen Teil auch über Verhaltensänderungen umsetzen muss. Das Management hat hierbei im Führungssegment die Aufgabe, die Mitarbeiter in Phase 1 im Inputsegment zu sensibilisieren, d. h. für die Veränderungsnotwendigkeit durch geeignete Analysen und Auswertungen aufzutauen. Phase 2 ist dann die Umsetzung im Transformationssegment bei diesem Changeprozess. Hier findet die Änderung dann tatsächlich statt. In Phase 3 wird das Ergebnis dieser Veränderung im Outputsegment nachhaltig stabilisiert. Der Changemanagementprozess ist erfolgreich durchgeführt worden. Über die Beobachtung wird überprüft, ob die Stabilisierung neuer Strukturen erfolgreich verläuft. Dies führt zu einen Lern- und Reflexionsphase im Leitungssegment, wenn ein Abgleich der Erkenntnisse der beobachteten Person mit anderen Beobachtern stattfindet, also eine Überprüfung der Beobachtung erfolgt die zu neuen Erkenntnissen führt.

Ein weiteres Veränderungs-Phasenmodell in den drei Phasen:

- Phase 1: gemeinsames Verständnis entwickeln
- Phase 2: einbinden und ermutigen der Mitarbeiter
- Phase 3: Aufrechterhaltung der Veränderungen

2 Historischer Rückblick auf das Veränderungs ...

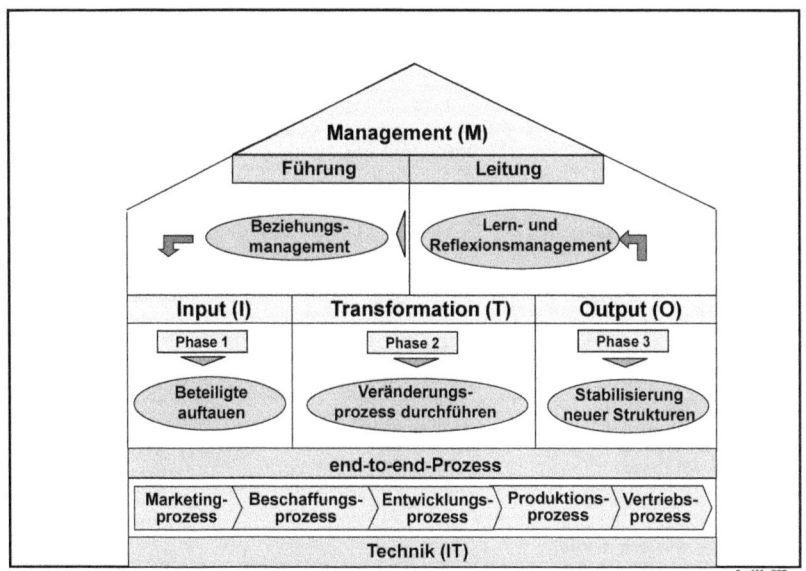

Abb. 2.1 MITO-Changemanagementmodell nach Kurt Levin

für einen erfolgreichen Veränderungsprozess stammt von John P. Kotter. Diesen drei Phasen sind den im Abb. 2.2 gezeigten MITO-Modell-Segmenten die 8 Stufen zugeordnet, die diesen Veränderungsprozess ebenfalls wieder im MITO-Regelkreissinn strukturieren.

Die einzelnen Stufen sind in der Literatur ausführlich erläutert.

Die Kritik an diesem Modell lautet:

- es handelt sich um einen rigiden Ansatz, da die acht Stufen in der Reihenfolge nacheinander ausgeführt werden sollten
- in manchen Kontexten sind diese acht Schritte nicht relevant
- die beim *Veränderungsmanagement* eventuell auftretenden Schwierigkeiten werden wenig thematisiert

Weiter fehlt das hier im Fokus stehen im MITO-Tool als systematisches Umsetzungswerkzeug zur standardisierten Analyse und Beurteilung des Veränderungserfolges mit digitaler Nachweisführung.

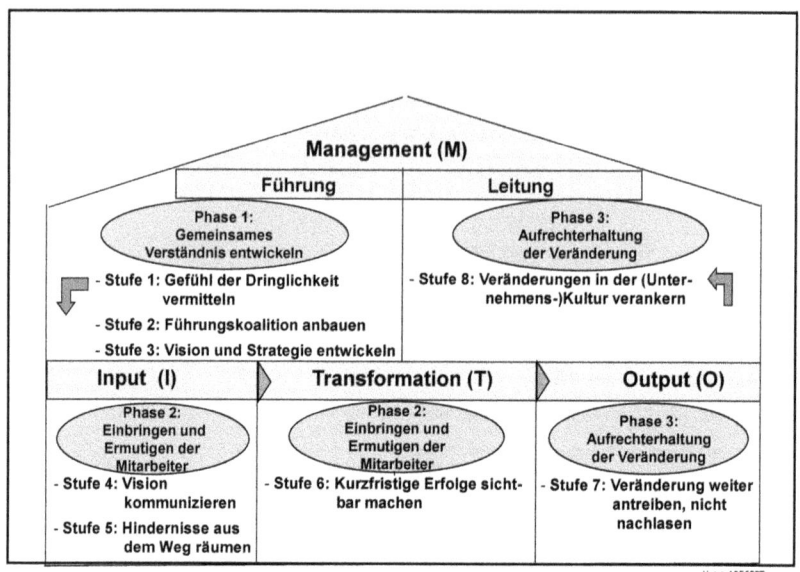

Abb. 2.2 8-Stufen-Modell eines Veränderungsprozesses nach John P. Kotter

Der Nachteil dieser klassischen OE-Konzepte besteht darin, dass die Veränderungsprozesse aufgrund umfassender Abstimmungen aller Beteiligter untereinander sehr lange dauern. Deshalb war dieser Ansatz in den achtziger Jahren des letzten Jahrhunderts aufgrund der sprunghaften Markt- und Technologieveränderung zu langsam in der Umsetzung. Hier kommt das *Changemanagement* ins Spiel, weil es jetzt gilt, Veränderungs- und Wandlungsprozesse zu beschleunigen und effektiver zu gestalten, um damit eine schnelle Veränderung der inneren und äußeren Rahmenbedingungen einer Organisation zu bewirken. Beim *Changemanagement* Ansatz stehen auch nicht mehr so sehr die Softfacts, d. h. das Wohlbefinden der Mitarbeiter im Fokus, sondern eher die Hardfacts wie

„**Wirtschaftlichkeit, Umsatz, Gewinn, Rentabilität**".

Durch die zunehmende Digitalisierung innerhalb der Geschäftsprozesse ergibt sich in den letzten Jahren ein grundlegender Wandel mit einer vollständigen Umgestaltung der Geschäftsmodelle, der zu einer ganzheitlichen Transformation führt.

Im Unterschied zum *Changemanagement,* das sich in der Regel auf einmalige Veränderungen und die Reaktion darauf fokussiert, bezieht sich der Transformationsprozess auf eine permanente Veränderung, die einmal angestoßen nicht mehr zum Stillstand kommt.

Ganzheitlicher MITO-Veränderungsmanagement-Gestaltungsansatz

3

Nachfolgend wird ein ganzheitlicher Ansatz mit einer standardisierten Vorgehensweise mit dem MITO-Modell zur Regelkreisstrukturvorgabe und dem MITO-Methoden-Tool als Umsetzungswerkzeug vorgestellt, der gleichermaßen für die systematische Veränderungs-, Wandlungs- und Transformationsprozessumsetzung und weiteren Veränderungskonzepten in standardisierter Form zur Anwendung kommt.

Auf der Grundlage der einleitend beschriebenen regelkreisorientierten MITO-Modell-Strukturvorgabe innerhalb der 5 MITO-Modellsegmente werden bei den oben beschriebenen Veränderungsprozessen die Regeln, Anforderungen und menschlichen Interaktionen beispielsweise für die neuen Geschäftsmodelle, Prozessmodelle und Corporate Governance Modelle mit ihren logischen Beziehungen abgeleitet und wenn gefordert, als digitale Nachweise für die Erfüllung der Berichtsstandardpflichten dokumentiert.

Neben der allgemeingültigen MITO-Modell-Strukturvorgabe für die systematische Veränderungsumsetzung zur Vereinfachung und Verdeutlichung der Phasen des Veränderungsprozesses wird die Durchführung von allen Aufgaben, Maßnahmen und Tätigkeiten für eine weitreichende Veränderung durch eine standardisierte Vorgehensweise mit dem MITO-Methoden-Tool mit:

„Analyse, Diagnose, Therapie und Evaluierung"

unterstützt. Die Verantwortlichen erhalten damit eine methodische Hilfestellung bei der Umsetzung des Veränderungsprozesses.

Dieser ganzheitliche Veränderungs-, Wandlungs- und Transformationsprozess kann bei der Umsetzung durch das MITO-Methoden-Tool vom Anwender frei wählbar aus systemischer, sozialer, technischer, juristischer sowie aus betriebswirtschaftlicher Sicht gestaltet werden.

© Der/die Autor(en), exklusiv lizenziert an Springer Fachmedien Wiesbaden GmbH, ein Teil von Springer Nature 2025
H. Binner, *Ganzheitliches Veränderungs- und Wandlungsmanagement*, essentials, https://doi.org/10.1007/978-3-658-49777-4_3

Für die jeweiligen Veränderungs-, Wandel- und Transformationssichten stehen die nachfolgend gezeigt MITO-Referenzportfolio-Checklisten zur Verfügung, die bei den neuen Geschäftsmodellen, Strategien und Prozessen transparent die jeweiligen Anforderungen, Ziele und Maßnahmen pro Veränderungssicht analytisch ableiten und nach der Umsetzung in Bezug auf die Wirksamkeit überprüfen.

In gleicher Weise werden ebenfalls für alle weiter genannten Veränderungsthemenfelder und -konzepte wie zum Beispiel:

- Changemanagement
- Wandlungsmanagement
- Transformationsmanagement
- Konfigurationsmanagement
- Krisenmanagement
- Arbeitswelt der Zukunft
- Zukunftsfähigkeitsanalysen
- Szenariomanagement
- Organisationsentwicklung (OE)

themenfeldspezifisch MITO-Portfolio-Checklisten vorgegeben, die dann in standardisierter Form mehrdimensional mit frei wählbaren Bewertungsvarianten(BV) systematisch abgearbeitet werden.

Systematischer MITO-Methoden-Tool-Einsatz

4

Die methodische Abarbeitung des Handlungsbedarfes erfolgt – wie Abb. 4.1 zeigt – anhand eines übergreifenden Problemlösungszykluses, bestehend aus „Analyse, Diagnose, Therapie, Evaluierung". Die im MITO-Methoden-Tool vorgenommene softwaregestützte Integration von Portfoliotechniken, QFD- Matrizen, Affinitäts- und Relationsdiagrammen, ABC- und XYZ- Verteilungen, Pareto-, FMEA-, Risiko- und Ishikawa-Analysen, Ursache-Wirkungsketten sowie Ziele-Maßnahmenbäumen und PDCA-Bewertungen erhöht dabei die Fach-, Methoden- und Lernkompetenz gleichermaßen und lässt sich neben dem hier gezeigten Beispiel der Veränderungsbewertung für sehr viele weitere strategische und operative unternehmensspezifische Aufgabenstellungen anwenden.

Ausgangspunkt beim Problemlösungs- bzw. Entscheidungsfindungskreislauf ist in der Analysephase immer die Anforderungs-, Ziel- oder Maßnahmenableitung mithilfe einer Portfoliomatrix. Zeilenweise sind die Bewertungskriterien eingetragen, spaltenweise können unterschiedliche Bewertungsvarianten zur zweidimensionalen Anforderungs-, Ziel- oder Maßnahmenfindung verwendet werden. Bewertungsvariante 1 (BV 1) zeigt ein Beispiel in Bezug auf V = Wichtigkeit/H = Dringlichkeit. Bewertungsvariante 2 (BV 2) nach V = Machbarkeit/H = Bedeutung.

Die in der Diagnosephase 2 ausgewählten Anforderungen, Ziele, Maßnahmen können jetzt über einen paarweisen Vergleich in einer Relationsmatrix für die Erstellung eines Lösungsprofiles priorisiert werden. Über eine Korrelationsanalyse lässt sich für jedes Kriterium einzeln ermitteln, ob die anderen Bewertungskriterien unterstützend oder kontraproduktiv wirken. Der Beeinflussungsgrad der ausgewählten Anforderungen, Ziele oder Maßnahmen untereinander wird über die Sensibilitätsanalyse ermittelt. Das Ergebnis wird grafisch in einem Aktiv-/Passiv-Diagramm dargestellt. Dieses Diagramm zeigt die kritischen Kriterien, welche die anderen Kriterien am stärksten beeinflussen, aber gleichzeitig selber

14　　4 Systematischer MITO-Methoden-Tool-Einsatz

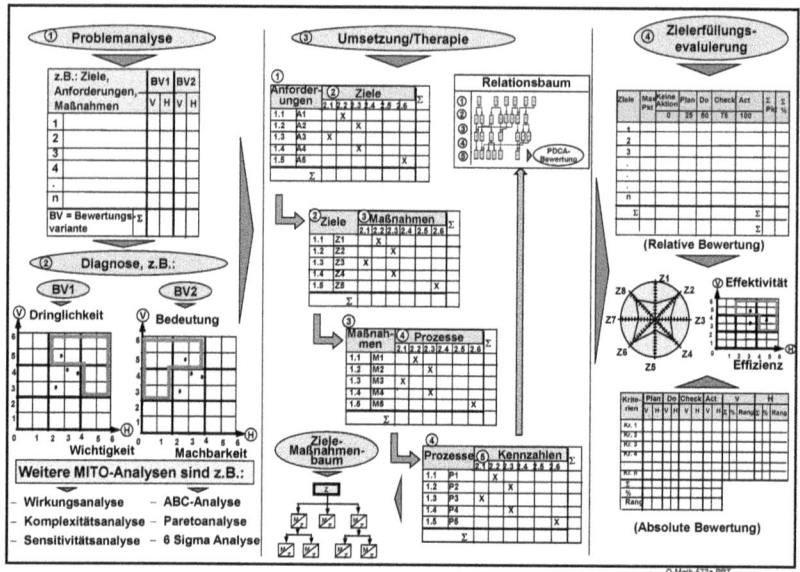

Abb. 4.1 MITO-gestützter Problemlösungskreislauf

auch stark beeinflusst werden können. Über die zeilen- und spaltenweise Rangberechnung des Sensitivitätsdiagramms ist es anschließend möglich, bottom up (zeilenweise) oder top down (spaltenweise) einen hierarchischen Ziele/Maßnahmenbaum mit entsprechender Zuordnung der Zielkennzahlen abzuleiten.

Für die Durchführung der Therapiephase innerhalb des MITO-Tool-Problemlösungszykluses ist eine systematische Veränderungs-Ziele-Maßnahmenbaum-Ableitung mit automatisierter Generierung einer To-Do-Liste mit Verantwortlichkeit und Termin hinterlegt, die über den Methodenbutton aktiviert werden kann. Abgebildet wird dabei eine Veränderungs-Ziele-Matrix in der zeilenbezogen die lokalisierten Veränderungsbedarfskriterien- und spaltenweise die Zielsetzungen zugeordnet werden, die durch das Abarbeiten des Handlungsbedarfs erreicht werden sollen. Diese Matrix kann vom Anwender in Bezug auf die Anzahl der Zeilen und Spalten frei konfiguriert werden. Wobei diese Matrix in dem Fall mit dem lokalisierten Veränderungsbedarf zeilenweise automatisch gefüllt wird, wenn vorher nach der MITO-Portfolioanalyse die Bewertungsergebnisse für die Diagnose grafisch im Portfolio- oder Radardiagramm abgebildet sind und dabei

4 Systematischer MITO-Methoden-Tool-Einsatz

auch der Handlungsbedarf grafisch markiert ist, der jetzt automatisch in die Veränderungs-Ziele-Maßnahmen-Matrix übernommen wird. Sollte diese MITO-Veränderungsanalyse mit Diagnose vorher nicht durchgeführt worden sein, können unabhängig davon in der Handlungsbedarf-Ziele-Matrix zeilenweise ebenfalls wieder vom Anwender frei konfigurierbar beispielsweise bereits lokalisierte Schwachstellen, Defizite oder Anforderungen für die spaltenweise Zielezuordnung hinterlegt werden.

Um dem Anwender die Zielauswahl zu erleichtern, sind im MITO-Tool veränderungsbezogene Ziele- Kataloge hinterlegt, die sofort in die Veränderungsbedarf-Ziele-Matrix spaltenweise übernommen werden können. Wie in Abb. 4.2 bei der Veränderungsbedarfs-Ziele-Maßnahmenbaum-Ableitung noch einmal

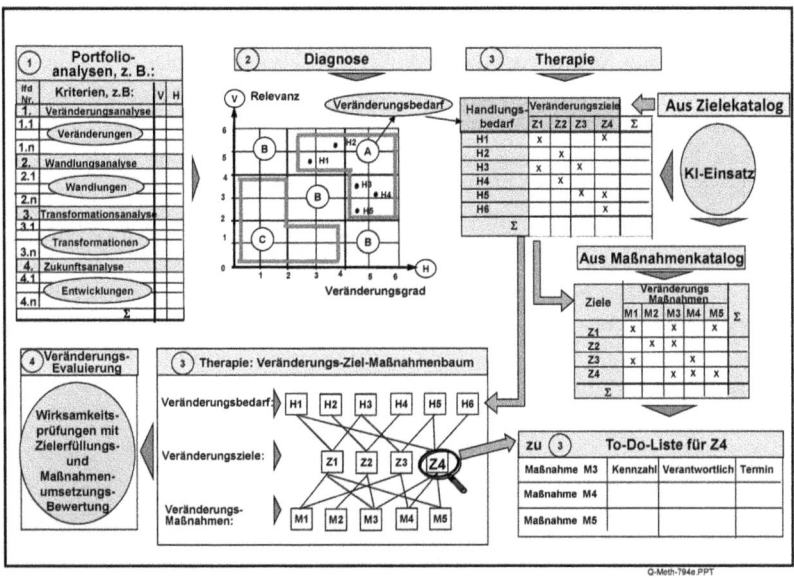

Abb. 4.2 MITO-Tool-gestützte Veränderungsbedarfs-Ziel-Maßnahmenbaum-Ableitung mit To-Do-Liste

detaillierter gezeigt, kann dann eine Zuordnung der Ziele zum Handlungsbedarf nach dem Bewertungsschema:

- Note 1: Einfluss im geringen Maße
- Note 2: mittelmäßiger Einfluss
- Note 3: starker Einfluss

vorgenommen werden. Über den Berechnungsbutton wird dann eine zeilenweise und spaltenweise Berechnung ausgelöst, gleichzeitig wird bei beiden d. h. Veränderungs- und Zielebezogen eine prozentuale Rangzuordnung vorgenommen.

Über den „Weiter"-Button wird jetzt eine Ebene tiefer eine weitere Zuordnungs-Matrix geöffnet, hierbei sind jetzt die spaltenweise Veränderungsziele aus der oberen Handlungsbedarf-Ziele-Matrix zeilenweise zugeordnet. Spaltenweise müssen jetzt Maßnahmen hinterlegt werden, um diese Veränderungsziele zu erreichen.

Auch hierfür gibt es einen themenspezifischen Maßnahmen-Katalog, die daraus ausgewählten Maßnahmen können ebenfalls wieder automatisch in diesem Falle in eine Veränderungs-Ziele-Maßnahmen-Matrix übernommen werden.

Den Abschluss bilden Wirksamkeits- und Zielerfüllungsprüfungen, optional auch eine Reifegradbewertung. Hier sind mehrere unterschiedliche Reifegradmodelle im MITO-Methoden-Tool in der Evaluierungsphase hinterlegt.

Es existiert bereits eine große Anzahl von MITO-Portfolio-Checklisten zu unterschiedlichsten Themenstellungen, wie z. B.

• Anforderungsanalysen	• Komplexitätsanalysen
• Potenzialanalysen	• Managementsystem-Audits
• SWOT-Analysen	• Prozess-Assessments
• Gefährdungsanalysen	• Management-Reviews
• Belastungsanalysen	• Reifegradbewertungen

Sie werden in gleicher Weise abgearbeitet, wie in dem oben beschriebenen Beispiel einer Readiness und *Zukunftsfähigkeits*bewertung und -auswahl vorgestellt.

5 Systematische Veränderungs-, Wandlungs-, Transformationsmanagement-Strategieauswahl

Bei der Suche nach den richtigen Veränderungs-, Wandlungs- und Transformationsstrategien für eine erfolgreiche Umsetzung des unternehmensspezifischen Businessmodells sollte am Anfang eine Businessmodell-Veränderungsanalyse stehen. Das Ziel ist dabei, die Ziel-, Strategie- bzw. Handlungsfelder zu bestimmen, die aufgrund der stattfindenden organisationalen, kulturellen, technologischen, produktbezogenen oder nachhaltigen Veränderungen zu einer digitalen Neuausrichtung des Businessmodells führen müssen. Hierfür existiert in Abb. 5.1 eine MITO-Referenzcheckliste mit den Bewertungsdimensionen BV1: „V = Veränderungsrelevanz, H = Auswirkung" zur Lokalisierung der relevantesten Veränderungen bzw. deren Auswirkungen in den 5 MITO-Modellsegmenten. Aus der grafischen Ergebnisdarstellung im Portfoliodiagramm ergeben sich die Hauptansatzpunkte im oberen rechten Portfoliosegment.

Über eine weitere zweidimensionale Bewertung mit dem MITO-Methoden-Tool in Bezug auf BV2: „V = Umsatz/Gewinn und H = Kosten/Aufwand" können für jedes einzelne Veränderungskriterium die wirtschaftlichen Rahmenbedingungen ermittelt werden. Die Ergebnisse der Umsatz- und Gewinnbetrachtung bzw. -bewertung sowie der Kosten- und Aufwandbetrachtung sind ebenfalls in Abb. 5.1 gezeigt. Das Zielfeld liegt im oberen linken Portfoliodiagrammbereich.

Die vorgenommenen Veränderungen erhöhen den Umsatz und Gewinn bei niedrigen Kosten.

Wie aus Abb. 5.1 weiter zu erkennen ist, sollten bei Analyseergebnissen im oberen rechten Portfoliodiagrammsegment Prozessanalysen durchgeführt werden, wenn die Umsätze zufriedenstellend sind, d. h. also genug Kunden vorhanden sind und die Produkte oder Serviceleistungen nachfragen. Wenn die Produkt- oder Serviceherstellung allerdings bei zu hohen Kosten erfolgt und keine

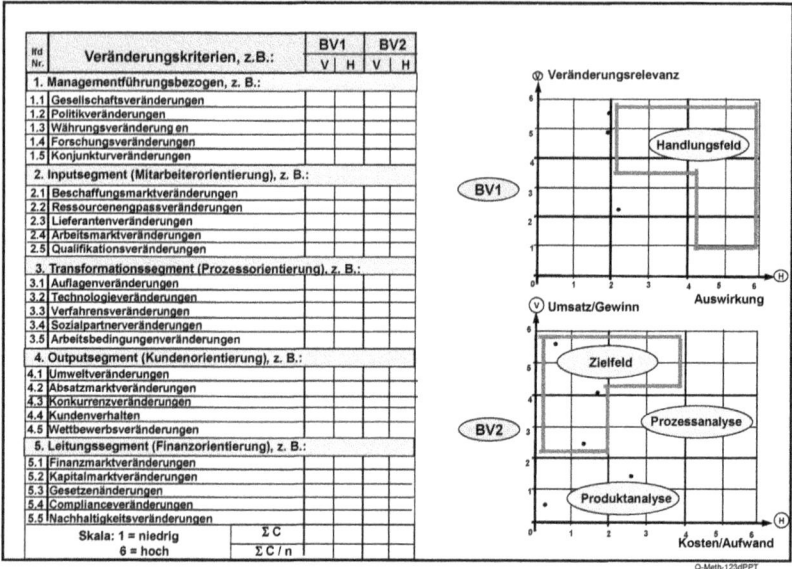

Abb. 5.1 MITO-modellsegmentbezogene Veränderungsanalyse mit Strategieableitung

Gewinne realisiert werden können, sollten die Prozesse vereinfacht und beschleunigt werden.

Durch eine gezielte Prozessanalysengestaltung als Hauptansatz ist ein effizienter und effektiver Prozess so zu gestalten, dass er verschwendungsarm und fehlerfrei verläuft.

Sollten allerdings die Umsätze sehr gering sein und auch die Kosten für die Produkterstellung sich im niedrigen Bereich bewegen, geht es hier primär um die Gewinnung neuer Kunden durch neue Produkte und Serviceleistungen. Deshalb ist im unteren linken Segment des Portfoliodiagramms hier eine Produktanalyse erforderlich. Ziel ist es also, für den Kunden einen höheren Kundennutzen durch die verbesserte Produkt- und Dienstleistung zu erzeugen. Im rechten unteren Segment sollten zu diesen Produktanalysen auch noch Prozessanalysen dann durchgeführt werden, wenn neben den zu niedrigen Umsätzen auch die Kosten und Aufwendungen zu hoch sind.

Hier ist also eine integrierte Prozess- und Produktanalyse durchzuführen. Der anzustrebende Zielbereich des Businessmodells liegt, wie gezeigt, im oberen linken Segment, d. h. also bei hohen Umsätzen und Gewinnen und niedrigen Kosten und Aufwendungen. Auf diese Weise ist die Wettbewerbsfähigkeit des Unternehmens gesichert. Durch die MITO-Tool- gestützten Produkt- und Prozessanalysen sollte sich also die Wettbewerbssituation so ändern, dass die Ergebnisse im gezeigten oberen linken Portfoliodiagramm Zielbereich zugeordnet werden können.

MITO-gestützte Transformationsmanagement-Umsetzung

6

Die permanenten Herausforderungen an das Management bestehen darin, den für das Erreichen der Unternehmensziele notwendigen Wandel zu erkennen, ihn aktiv zu fördern und systematisch zu gestalten, d. h. zu transformieren und die realisierten Veränderungen dauerhaft abzusichern. Für den Begriff „Transformation" versteht man aus betriebswirtschaftlicher Sicht den Prozess der Veränderung von einem aktuellen Zustand „Ist" hin zu einem angestrebten Zielzustand „Soll" in der nahen Zukunft. Hierbei handelt es sich um einen fundamentalen und dauerhaften Wandel der beispielsweise aus neuen Wettbewerbsmodellen, Technologien, ökologischen Zwängen, demografischen Entwicklungen und weiteren gravierenden Veränderungen resultiert und die Unternehmen zum Handeln zwingt, wollen sie langfristig nachhaltig erfolgreich agieren.

Auslöser für Veränderungsanstöße sind häufig strategische Wendepunkte, d. h., wenn sich der Wettbewerb durch neue Technologien, Produkte, Prozesse oder neue Spielregeln am Markt stark verändert. Dies ist aktuell der Fall. Ein organisatorischer Wendepunkt ist beispielsweise zurzeit die Abkehr von funktionsorientierten vertikalen Organisationsstrukturen zugunsten von horizontalen Wertschöpfungsketten, die auf den Kunden ausgerichtet sind.

Ein technologischer Wendepunkt ist die digitale Transformation, d. h. die digitale Vernetzung von Kunden, Mitarbeitern, Maschinen, Prozessen, Aufträgen, Materialien, Lieferanten, Lagerplätzen, Transportgeräten und weiteren Objekten über die Cloud. Hierbei entstehen in der digitalisierten Wertschöpfungskette neue digitale Geschäftsmodelle mit vorher nicht gekannten Produkt- und Dienstleistungsangeboten. Dies verbunden mit einer größeren Anpassungsfähigkeit, d. h. Agilität an neue Kundenanforderungen, höhere Lieferfähigkeit, kurze Entwicklungszeiten für smarte Produkte und Dienstleistungen mit dem mobilen Zugriff über Kundenportale und Kundenapps sowie weitere spezifische Maßnahmen zur Verbesserung des Kundennutzens über die Produktlebenszeit. Ein weiterer Wendepunkt ist die ganzheitliche Businessmodell-Betrachtung gegenüber der klassischen Produkt- und Prozessstrategiebetrachtung, weil zukünftig digitale Geschäftsmodelle kundennutzenbezogen gegeneinander in Konkurrenz stehen und nicht mehr einzelne Produkte oder Prozesse. Erfolgreich wird dieser Changemangementprozess aber nur dann sein, wenn das Management in der Lage ist, diese Veränderungen in die Unternehmens- und Wertekultur einzubinden. Das heißt, es muss die Ziele, Strategien, Organisationsstrukturen transparent darstellen und die Betroffenen, d. h. vor allem die Mitarbeiter in die Entscheidungsprozesse einbinden. Erst durch die Verknüpfung von organisationaler und kultureller Transformation sowie digitalen, nachhaltigen und smarten Produkten wird als Ergebnis die angestrebte ganzheitliche Geschäftsmodelltransformation ermöglicht.

Im Folgenden wird ein methodengestützter Transformationsansatz erläutert, der das Ziel hat, diese ganzheitliche unternehmensspezifische Geschäftsmodelltransformation erfolgreich digital umzusetzen. Hierfür werden wieder das MITO-Modell, das BPM-Swimlane-Modell mit dem BPM-Tool- Sycat und dem MITO-Methoden-Tool bereitgestellt. Ausführlich ist dieser Ansatz in dem 2020 im Springer Vieweg Verlag erschienenen Managementbuch *„Ganzheitliche Businessmodell-Transformation – Systematische Prozessdigitalisierung mit der Unterstützung des MITO-Methoden-Tools"* -, Springer Vieweg Verlag, Juli 2020, 260 Seiten, ISBN 978-3-658-30232-0 erläutert.

Eine ganzheitliche Geschäftsmodelltransformation innerhalb des MITO-Regelkreismodells sollte also – wie in Abb. 6.1 in 5 Schritten gezeigt – durch die Kombination mit einer organisationalen Transformation, einer kulturellen Transformation und einer digitalen Transformation einer smarten Produkt-Transformation- und nachhaltigen Transformation gelingen.

Bezugspunkt für die Umsetzung der einzelnen 5 Transformationsfelder ist eine prozessorientierte Ordnungsstruktur nach dem BPMN 2.0-Standard, bei dem die Prozessbeteiligten rollenbasiert in der Swimlane-Darstellung in der sachlich logischen zeitlichen Reihenfolge der Aufgabenerledigung mit dem dazugehörenden Informations- und Kommunikationsfluss grafisch abgebildet sind. Die ganzheitliche prozessbezogene Geschäftsmodell-Transformation erfolgt nach einer standardisierten Vorgehensweise, das durch die MITO-Modellstruktur vorgegeben wird.

Das Ziel dieser ganzheitlichen digitalen Geschäftsmodell-Transformation – ausgehend im vom vorhandenen, d. h. noch nicht digitalisierten bzw. transformatierten Businessmodell – ist ein optimal fehler- und verschwendungsfrei ablaufender digitalisierter end-to-end-Prozess, der den Kunden mit den angebotenen

6 MITO-gestützte Transformationsmanagement-Umsetzung

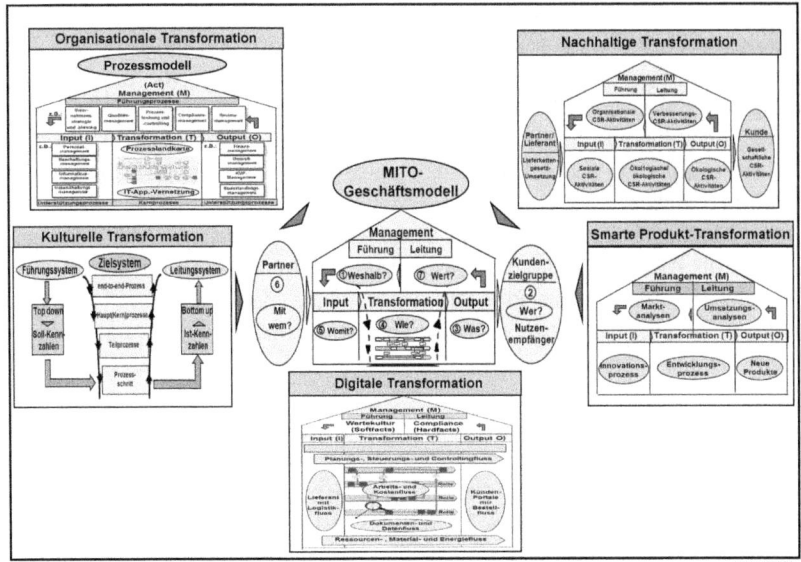

Abb. 6.1 Ganzheitliche MITO-Geschäftsmodell-Transformation

smarten Produkten und Dienstleistungen und einer online Kunden- bzw. Partnerkommunikation einen hohen Nutzen bietet. Die Umsetzung basiert beispielsweise auf einer cloudbasierten digitalen Businessplattform.

In Bezug auf die organisationale Transformation ist es in im MITO-Führungssystem notwendig, ein unternehmensspezifisches Prozessmodell zu entwickeln, in dem die Führungsprozesse, vorgelagerten Unterstützungsprozesse, Kernprozesse, nachgelagerten Unterstützungsprozesse und Leitungsprozesse definiert sind. In einem weiteren Schritt müssen diese Prozesse dann analysiert, modelliert und dokumentiert werden. Dies ist auch die Grundlage für die Einführung der unterschiedlichsten Integrierten Managementsysteme (IMS) nach einer einheitlichen High-Level-(HLS)-Struktur.

Die kulturelle Transformation auf der Grundlage einer vorher implementierten Prozessorganisation ermöglicht dann im MITO-Inputsegment den Führungskräften eine transformationale Führung, d. h. die Mitarbeiter werden auf Augenhöhe mit Selbstverantwortung und den dafür notwendigen Handlungsspielräumen innerhalb der horizontalen Wertschöpfungskette in partizipativer Form geführt.

Die digitale Transformation im MITO-Transformationssegment ermöglicht über die neuen Informationstechnologien wie Cloud Computing, Big Data, Enterprise Mobility oder Social Business in Verbindung mit KI und Machine Learning eine informatorische horizontale und vertikale Vernetzung bei der agilen Auftragsdurchführung innerhalb der horizontalen Wertschöpfungskette, die auch eine Selbststeuerung und Selbstoptimierung sowie vorausschauendes Handeln in Echtzeit ermöglicht.

Aus Marktanalysen und Kundenbefragungen ergeben sich im MITO-Output-Segment die Anstöße für die Produkt- und Dienstleistungstransformationen, d. h. die Ablösung traditioneller Produkte durch smarte, d. h. mit Chips versehene Produkte, die über die gesamte Produktlebensdauer online gewartet und instandgesetzt werden können. Dieser Ansatz lässt sich auch auf Serviceangebote übertragen.

Die nachhaltige Transformation bezieht sich im MITO-Leitungssegment auf die Entwicklung zum nachhaltigen Unternehmen. Dies wird unterstützt durch die Einführung von Internen Kontrollsystemen (IKS), die für die Erfüllung der von der EU-Kommission geforderten Nachhaltigkeitsberichtspflichten durch digitale Nachweise der mit dem MITO-Methoden Tool durchgeführten Wirksamkeits- und Zielerfüllungsprüfungen zuständig sind.

Abb. 6.2 zeigt eine MITO-Geschäftsmodell-Transformation-Anstoß-Portfoliomatrix zur Ermittlung des Transformationsbedarfs innerhalb der 5 MITO-Modellsegmente mit den beiden Bewertungsvarianten BV1: V1 = Relevanz, H1 = Auswirkung und BV2: V2 = Wichtigkeit, H2 = Dringlichkeit.

Das Ziel dieser ganzheitlichen Businessmodell-Transformation ist ein optimal fehler- und verschwendungsfrei ablaufender digitalisierter end-to-end-Prozess, der den Kunden mit den angebotenen smarten Produkten und Dienstleistungen und einer online-Kundenkommunikation einen hohen Nutzen über die Produktnutzungs-Lebenszeit bietet. Die Umsetzung basiert z. B. auf einer cloudbasierten digitalen Businessplattform auf der Grundlage der Einführung prozessorientierter Ordnungsstrukturen. Sie ermöglicht die Anwendung partizipativer Führungssysteme, und die informationstechnische Vernetzung der Beteiligten. Dies sind die Voraussetzungen für eine ganzheitliche Businessmodell-Transformation mit neuen smarten Produkt- und Serviceangeboten und mit Anbindung des Kunden, die eine agile Kundenauftragserledigung ermöglichen. Auch für viele weitere unterschiedliche Gestaltungs- und Optimierungssichten ist anschließend die rollenbasierte Prozessdarstellung das Erkenntnisobjekt für eine methodengestützte Umsetzung. Beispielsweise für Kompetenz-, Belastungs-, Risiko-, Gefährdungs-, Fehleranalysen u. v. w. m.

6 MITO-gestützte Transformationsmanagement-Umsetzung

Legende: BV1: V1= Relevanz, H1 = Auswirkungen ; BV2: V2: Wichtigkeit, H2: Dringlichkeit				Bewertungsvarianten			
Nr.	Transformationsanstöße, z.B.:	GG	BV1		BV2	
			V1	H1	V2	H2
1.Organisationale Transformationsanstöße durch:						
1.1	Prozessorganisation					
1.2	Standardisierung					
1.3	Agile Methoden					
1.4	Krisensituation					
1.5	Potenzialanalyse					
1.6	Resilienzanforderungen					
	C					
	ΣC/n					
2.Kulturelle Transformationsanstöße durch:						
2.1	Wertekulturveränderungen					
2.2	Divercity-Anforderung					
2.3	Demografische Entwicklung					
2.4	New Work-Ansätze					
2.5	Worklife Balance					
2.6	Lernförderbarkeit					
	C					
	ΣC/n					
3.Digitale Transformationsanstöße durch:						
3.1	Industrie 4.0					
3.2	Machine-Learning					
3.3	Digitaler Zwilling					
3.4	Interoperabilitäts-Anforderungen					
3.5	Cloud Plattformimplementierung					
3.6	KI-Einsatz					
	C					
	ΣC/n					
4.Produkt- und Service- Tranformationsanstöße durch:						
4.1	Marktveränderung					
4.2	Globalisierung					
4.3	Internationalisierung					
4.4	Smarte Produkte					
4.5	Smarter Service					
4.6	Kundennetzwerke					
	C					
	ΣC/n					
5.Nachhaltigkeits-Transformationsanstöße durch:						
5.1	EU-Berichtspflichten					
5.2	Klimaschutz					
5.3	Energieeffizienz					
5.4	Resourcenverknappung					
5.5	Emissionreduzierung					
5.6	CSR-Präqualifikation					
	C					
	ΣC/n					
Skala: 1 = niedrig 6 = hoch	Gesamt	C				
		ΣC/n				
		%				
		Rang				

Abb. 6.2 MITO-Geschäftsmodell-Transformationsanstoßanalyse

MITO-gestützte Megatrend-Analyse 7

Das Thema „*Megatrend*" ist zurzeit ein Hype, mit dem sich viele Manager und Consultingunternehmen beschäftigen. Dabei steht bisher aber mehr die grundsätzliche Auseinandersetzung mit den zukünftigen Entwicklungen im Vordergrund. *Megatrends* haben aus vielerlei Gründen erheblichen Einfluss auf die zukünftige Organisationsentwicklung und damit auch auf die zukünftige Arbeitswelt, weil sie gleichermaßen technische, personelle, soziale, organisatorische, ökologische, ökonomische und weitere Veränderungspotenziale beinhalten. Hierbei stellt sich die große Frage wie die Verantwortlichen damit umgehen müssen. Bei der Diskussion über die aktuellen zukünftigen Organisationsentwicklungsstrategien mit Megatrendthemen wie „Globalisierung", „Work-Life-Balance", „Individualisierung" oder „Innovation" ist den Verantwortlichen der qualifizierte Methodeneinsatz aus dem Blickpunkt gerückt. Sie machen sich zu wenig Gedanken darüber, wie sie über eine systematische Vorgehensweise die notwendige Umsetzung der erkannten Ansatzpunkte und Veränderungen erreichen können.

Megatrends sind nach Aussage des bekannten US-Amerikanischen Futurologen John Naisbitt besonders tiefgreifende und nachhaltige Trends, die gesellschaftliche und technologische Veränderungen betreffen. Unter Trends werden allgemein Instrumente zur Beschreibung von Veränderungen und Strömungen verstanden, die bei jedem einzelnen Menschen wirken und in allen Bereichen der Gesellschaft, z. B. in Bezug auf Wirtschaft und Politik, Technik, Wissenschaft und Kultur zu beobachten sind.

Die zukünftigen Herausforderungen an die Organisationsentwicklung lassen sich aus den derzeitigen Megatrends eigentlich schon frühzeitig erkennen. Vorausgesetzt, die dafür anzuwendenden Methoden sind bekannt und werden auch eingesetzt. Die Früherkennung ist schon deshalb wichtig, damit die verantwortliche Manager in der Lage sind, ihre Visionen und Strategien rechtzeitig auf diese Entwicklung abzustimmen. Hierbei sind integrierte Lösungsansätze mit einem ganzheitlichen Vorgehensmodell nötig, weil die aktuellen Problemstellungen im Tagesgeschäft und zu lösenden Zukunftsfragen bei einer erfolgreichen Organisationsentwicklung miteinander vernetzt sind. Insbesondere ist dabei auf eine Ausbalancierung der Hard- und Softfacts zu achten. Bei den Hardfacts stehen die sachorientierten, klar bewertbaren technischen, organisatorischen und ökologischen Faktoren, Prozesse und Strukturen im Mittelpunkt. Bei den Softfacts dominieren die personenbezogenen, d. h. emotionalen, soziologischen und psychologischen Faktoren bei der Mitarbeiterführung.

Im Folgenden wird das bereits erläuterte ganzheitliches Vorgehensmodell mit dem MITO-Methoden-Tool zur *Megatrend*-Analyse zusammen mit einem integrierten Methodenspektrum vorgestellt, dass bei den Führungskräften aufgrund der bereitgestellten Umsetzungsmodelle und Tools die Entscheidungs- und Handlungskompetenz wesentlich vergrößert. Besonders herauszuheben ist hierbei, dass es sich um einen bereits in der Praxis erprobten Ansatz handelt, der eine konkrete Umsetzungshilfe bietet, ohne von Beratern oder Managementtools abhängig zu sein. In Abb. 7.1 ist der *Megatrend*-Anwendungsrahmen des nachfolgend erläuterten methodischen Vorgehensmodells für die zukunftsorientierte Organisationsentwicklung gezeigt.

Im Mittelpunkt steht das MITO-Modell mit seinen Segmenten „Act 1, Plan, Do, Check, Act 2", das den bereits erläuterten, in fast allen aktuellen Normen und Regelwerken geforderten „Prozessorientierten Ansatz" als kybernetischen Regelkreis abbildet. Die Phase „Act 1" im Managementsegment beginnt – wie in integrierten Managementsystemnormen (IMS) gefordert – mit der Vorgabe der Visionen, Strategien und den Unternehmenszielsetzungen. Dies in Bezug auf eine ausgewählte Kundengruppe mit den dazugehörenden Kundenanforderungen. Diese in Managementsegment ablaufenden Prozesse werden als Führungsprozesse bezeichnet. Nach ihren Vorgaben erfolgt die operative Umsetzung, d. h. die Produkt- oder Dienstleistungserstellung. Im Inputsegment sind erforderliche Infrastrukturen und die Ressourcen zum Erreichen der Unternehmensziele bereitzustellen. Wobei der Mensch als wichtigste Ressource im Unternehmen einer besonderen Aufmerksamkeit bedarf. Dies zeigt sich – wie nachfolgend erläutert – auch in den derzeitigen Megatrends. Die in diesem Input-Segment ablaufenden Prozesse werden als vorgelagerte Unterstützungsprozesse bezeichnet, weil sie bedarfsgerecht die Voraussetzungen für die Produkterstellung schaffen.

Im Transformationssegment müssen die Wertschöpfungsprozesse fehlerfrei und verschwendungsfrei durchgeführt werden. Hierfür existieren effektive und effiziente Planungs- und Steuerungsvorgaben als zu erfüllende Ordnungskriterien für die Mitarbeiter. Im Outputsegment mit den dort ablaufenden nachgelagerten

7 MITO-gestützte Megatrend-Analyse

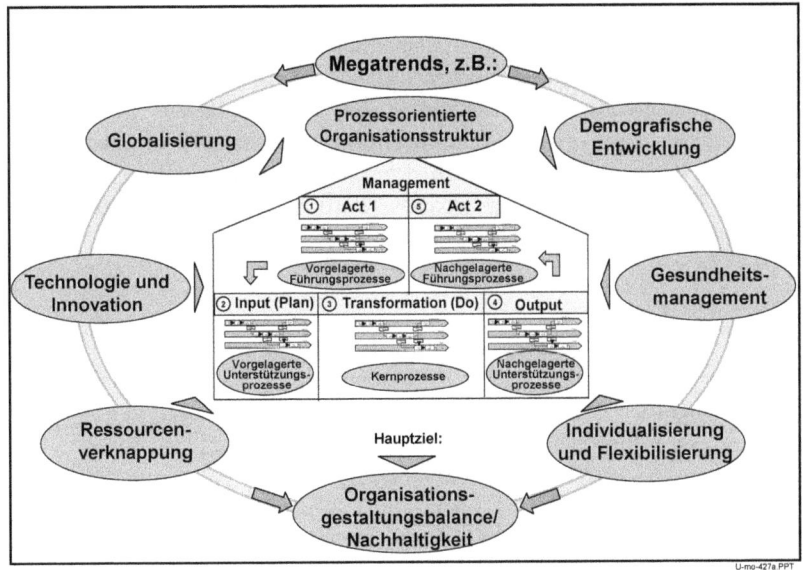

Abb. 7.1 Vernetzte prozessorientierte Organisationsentwicklung

Unterstützungsprozessen erfolgt die Prozessleistungsmessung und Auditierung mit Übergabe der produzierten Güter an den Kunden.

In Rückkopplung mit dem Managementsegment findet dort mit „Act 2" eine Evaluierung der Organisationleistung statt. Hier wird geprüft, ob die in Act 1 vorgegebenen Unternehmensziele erreicht wurden und welche Maßnahmen bei Zielabweichungen zur Verbesserung einzuleiten sind.

Als Voraussetzung für die folgende *Megatrend-* und Auswirkungsanalyse sollten vom Management bereits die Hausaufgaben für die Realisierung dieses integrierten regelkreis- und prozessorientierten Ansatzes erfolgt sein. Denn wie will ein Manager auf *Megatrends* und die zu erwartenden Auswirkungen reagieren, wenn diese notwendigen organisationsspezifischen Vorarbeiten nur unvollständig vorliegen.

MITO-gestützte Megatrend-Handlungsbedarfsanalysen

Wie sich die oben beschriebenen *Megatrends* auf die eigene Organisation zukünftig auswirken, kann mit Unterstützung des MITO-Methoden-Tools systematisch geklärt werden. In der vorgegebenen MITO-*Megatrend*-Portfoliomatrix werden die Hauptkriterien des jeweiligen *Megatrends* gemeinsam im Führungskreis z. B. nach Bedeutung und Machbarkeit zweidimensional bewertet. Wie Abb. 7.2 und 7.3 zeigen, lässt sich der daraus aus unterschiedlichen Bewertungsvarianten (BV) ergebene Handlungsbedarf grafisch in Portfoliodiagrammen abbilden.

In ähnlicher Form gibt es diese Referenzunterlagen auch zu allen weiteren *Megatrend*-Hauptkriterien. Durch den Einsatz des integrierten Methodenspektrums ist eine klare Aussage, welches Teilkriterium weiter in die zukünftige Organisationsentwicklung einzubeziehen ist, möglich.

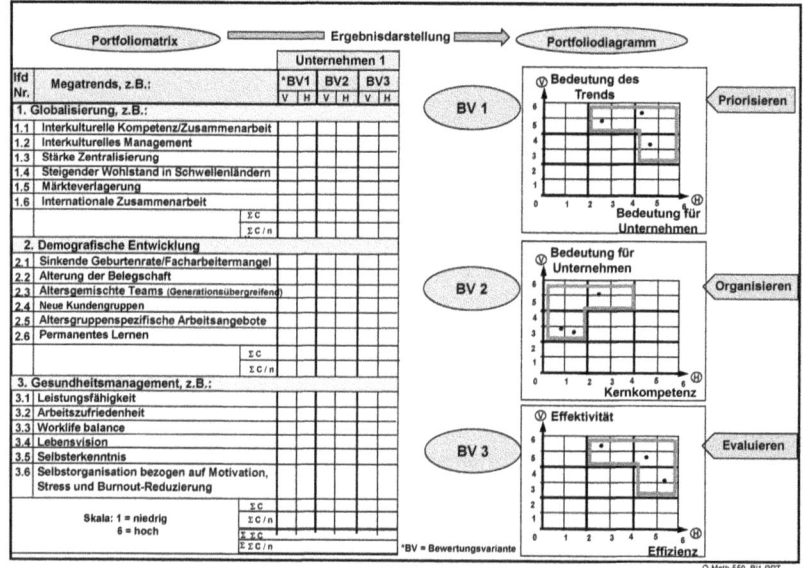

Abb. 7.2 MITO-gestützte Megatrendbewertung bei der Organisationsentwicklung (Blatt 1)

7 MITO-gestützte Megatrend-Analyse

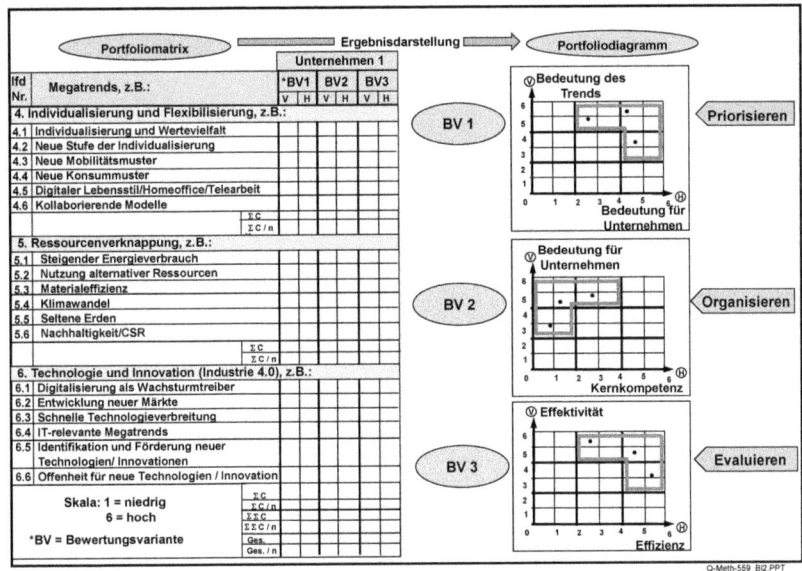

Abb. 7.3 MITO-gestützte Megatrendbewertung bei der Organisationsentwicklung (Blatt 2)

MITO-gestützte Wandlungsmanagement-Umsetzung

8

Die MITO-Modell-Strukturvergabe gilt nach der Erläuterung des Veränderungs-, Transformations- und Megatrendanalyse auch für die Umsetzung, d. h. die erfolgreiche Durchführung eines tiefgreifenden Wandels durch das *Wandlungsmanagements*. Nach Krüger bewegt sich der Unternehmenswandel immer in einem Spannungsfeld von Wandlungsbedarf, Wandlungsbereitschaft und Wandlungsfähigkeit, („3W Modell"). Diese drei Kategorien bilden die Koordinaten des Wandels.

Ausgangspunkt jedes Wandels ist der Wandlungsbedarf, hierunter wird das Ausmaß der sachlich notwendigen Veränderungen verstanden. Die Wandlungsbereitschaft beschreibt die Einstellung der am Wandlungsprozess Beteiligten beziehungsweise von ihm betroffenen Personen und Organisationseinheiten gegenüber den Zielen und Maßnahmen des Wandels. Die Wandlungsfähigkeit bezieht sich auf die entsprechenden Personen und sachbezogenen Einflussgrößen Und den daraus resultierenden Möglichkeiten und Maßnahmen, Wandlungsprozesse erfolgreich durchführen zu können. Das dazu ebenfalls von Krüger entwickelte Phasenmodell in *Changemanagement*-Projekten mit:

- Phase 1. Initialisierung
- Phase 2. Konzipierung
- Phase 3. Mobilisierung
- Phase 4. Umsetzung
- Phase 5. Verstetigung

lässt sich in modifizierter Form ebenfalls wieder im MITO-Modell in Abb. 8.1 darstellen.

8 MITO-gestützte Wandlungsmanagement-Umsetzung

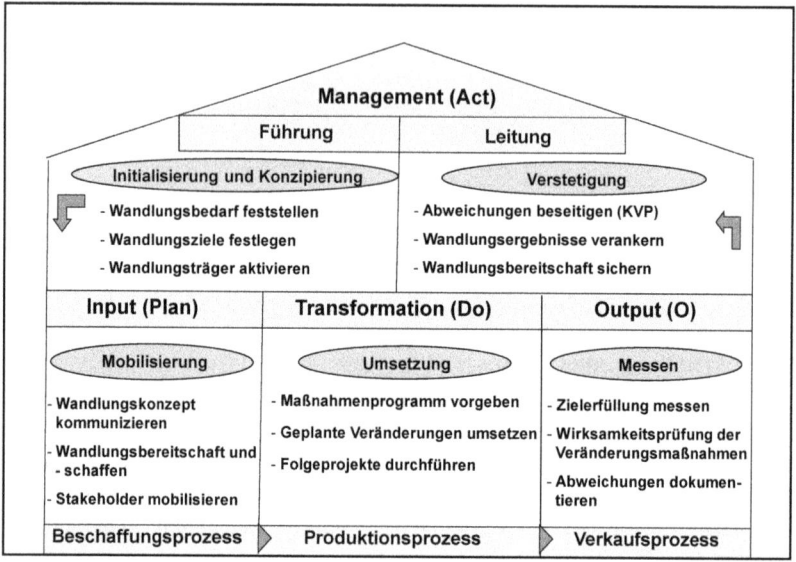

Abb. 8.1 MITO-Modell-bezogene Wartungsmanagement-Phasenkonzept in Anlehnung an Krüger

Hierbei sind Phase 1 und Phase 2 dem MITO-Führungssegment als Schritt 1 zugeordnet. Im Inputsegment findet als Schritt 2 die Mobilisierung und im MITO-Transformationssegment als Schritt 3 die Umsetzung statt. Entsprechend des prozessorientierten Ansatzes wird in Schritt 4 im MITO-Outputsegment das Messen zur Zielerreichung und Maßnahmenumsetzung eingeführt. Abschließend findet im MITO-Leitungssegment als Schritt 5 die Verankerung und Verstetigung der Wandlungsergebnisse mit Sicherung der Wandlungsbereitschaft und der Wandlungsfähigkeit statt. Nachfolgend wird anhand von MITO-Referenzchecklisten die praktische Umsetzung der einzelnen *Wandlungsmanagement*schritte mit digitaler Nachweisführung entsprechend der MITO-Modellstrukturvorgabe erläutert.

8.1 MITO-Modell-bezogener Wandlungsfähigkeitsregelkreis

In Abb. 8.2 ist ein Wandlungsfähigkeitsregelkreis abgebildet, der die internen und externen Wandlungsanforderungen, Wandlungsfelder, Wandlungsauswirkungen, internen Wandlungsfähigkeiten und die notwendigen Wandlungskonzepte mit den bereitgestellten MITO-Wandlungs-Portfolio-Checklisten analysiert und dokumentiert.

Die in Schritt 1 des Regelkreises zuerst genannten Wandlungsanforderungen zeigen innerhalb der einzelnen MITO-Modellsegmente, welche Fähigkeiten im Unternehmen heute vorhanden sein müssen, um diese Veränderungsanforderungen zu erfüllen. Im MITO-Managementsegment sind beispielsweise „Veränderungsfähigkeit, Lernfähigkeit" genannt. Im MITO-Inputsegment bezogen auf die Mitarbeiter gehören dazu Motivationsfähigkeit, Partnerfähigkeit, Teamfähigkeit. MITO-outputbezogen mit dem Kunden im Fokus wird die Problemlösungsfähigkeit, Reaktionsfähigkeit und Konkurrenzfähigkeit gefordert.

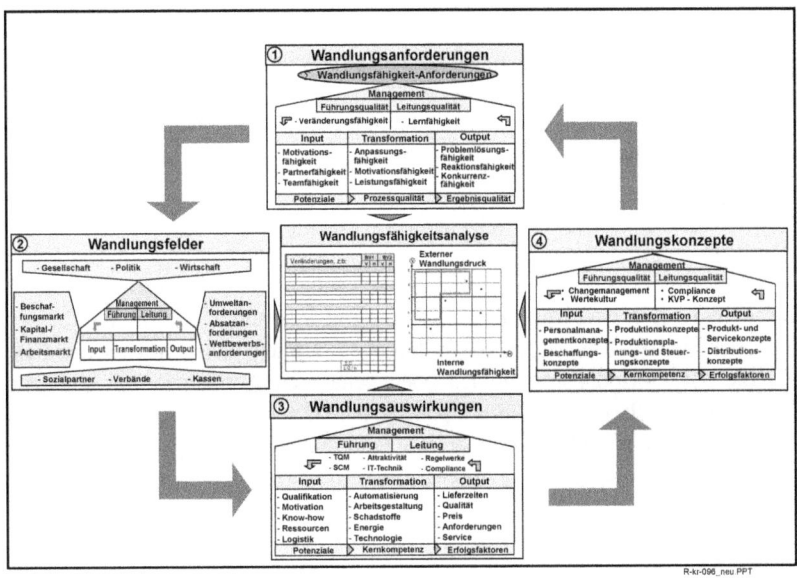

Abb. 8.2 MITO-Modell-bezogener Wandlungsfähigkeitsregelkreis

Dies als Reaktion auf die Veränderungsprozesse in den im Schritt 2 genannten externen Wandlungsfeldern, die ebenfalls wieder den Segmenten des MITO-Modells zugeordnet sind. Auf diese Wandlungsfelder beziehen sich in Schritt 3 die Auswirkungsanalysen, auf die das Unternehmen intern mit seinen internen Fähigkeiten reagieren muss.

In jedem Schritt innerhalb des gezeigten Wandlungsfähigkeits-Regelkreises werden MITO-Portfolioanalysen und Bewertungen durchgeführt. Die in der Bildmitte gezeigte Wandlungsfähigkeitsanalyse zeigt nach der Portfoliobewertung, welche Wandlungsanforderungen welchen externen Wandlungsdruck erzeugen und wie die interne Wandlungsfähigkeit dazu ausgeprägt ist. Der Handlungsbedarf ist dem oberen linken Segment zugeordnet, weil hier die vorhandenen internen Wandlungsfähigkeiten nicht dem externen Wandlungsdruck standhalten.

Ausgehend vom Unternehmenszweck und der ausgewählten Kundenzielgruppe sind entsprechend der Ergebnisse der MITO-gestützten Handlungsbedarfsanalysen in Schritt 4 umfassende strategische Lösungskonzepte zu entwickeln, um die interne Wandlungsfähigkeit zu garantieren.

Hier schließt sich der Regelkreis, weil diese Wandlungskonzepte exakt die eingangs in Schritt 1 genannten Wandlungsanforderungen durch die neu erworbenen Fähigkeitskomponenten erfüllen sollen. Gewährleistet wird über diesen Ansatz, dass sich die Veränderungskonzepte mit den dazugehörigen Prozessen an den vorgegebenen Wandlungsstrategien und -zielen ausrichten.

8.2 Wandlungsziele und -strategien

Abb. 8.3 zeigt eine MITO-Wandlungsziel-Auswahlmatrix. Zu diesen Wandlungszielen sind die Strategien, d. h. eine grundsätzliche, langfristige Verhaltensweise als Weg zur Erreichung dieser Ziele zu entwickeln. Die langfristigen Verhaltensweisen sind durch eine Maßnahmenplanung mit Ressourcen und Zeiträumen zu konkretisieren. Auch in diesen Fällen bietet es sich aus ganzheitlicher Sicht an, über die MITO-Modellstruktur den oben genannten Wandlungsziele innerhalb der MITO-Modellsegmente die Hauptansatzpunkte und strategische Maßnahmen zuzuordnen, um anschließend über die Erstellung des MITO-Tool gestützten Strategy-Ziele-Maßnahmen- Relationsbaumes die dazu gehörenden To-do-Listen abzuleiten.

8.2 Wandlungsziele und -strategien

BV 1:	V1= Wichtigkeit	H1= Dringlichkeit
BV 2:	V2= Aufwand	H2= Nutzen

Nr.	Wandlungsziele, z.B.:	GG	Bewertungsvarianten			
			BV1		BV2	
			V1	B1	V2	B2
1.Führungswandlungsziele						
1.1	Verbesserung der Führungswandlungsfähigkeit					
1.2	Selbstlernende, agile Anpassung an permanenten Wandel					
1.3	Schnelle und kostengünstige ganzheitliche Geschäftsmodell - Transformation					
1.4	Vernetzen von Wissen, Denken und Handeln mit schneller Reaktionsfähigkeit					
	C					
	ΣC/n					
2.Inputswandlungsziele						
2.1	Verbesserung der Inputswandlungsfähigkeit					
2.2	Schnelle und kostengünstige kulturelle Wandlung					
2.3	Lernprozesse mit hoher Lerngeschwindigkeit bei allen Beteiligten					
2.4	Hohe Akzeptanz und Motivation bei Veränderungskonzepten					
	C					
	ΣC/n					
3.Transformationswandlungsziele						
3.1	Verbesserung der Transformationswandlungsfähigkeit					
3.2	Schnelle und kostengünstige digitale Transformation zur Wertkettenbeschleunigung					
3.3	Verbesserung der Lernfähigkeit der Organisation bei Prozessveränderungen					
3.4	Verbesserung der Qualität des Arbeitslebens durch Selbstverwirklichung in dezentralen Strukturen					
	C					
	ΣC/n					
4.Outputswandlungsziele						
4.1	Verbesserung der Outputswandlungsfähigkeit					
4.2	Schnelle und kostengünstige Produkt- und Dienstleistungstransformation					
4.3	Erhöhung der Flexibilität beim Kunden					
4.4	Hohe Marktdurchdringung					
	C					
	ΣC/n					
5.Leistungswandlungsziele						
5.1	Verbesserung der Leistungswandlungsfähigkeit					
5.2	Schnelle und kostengünstige nachhaltige Wandlung					
5.3	Permanentes Feedback für Controlling- und Complianceauswertungen					
5.4	Entwicklung zur dauerhaft lernenden Organisation					
	C					
	ΣC/n					
Skala: 1 = niedrig 6 = hoch	Gesamt	C				
		ΣC/n				
		%				
		Rang				

Abb. 8.3 MITO-Modellbezogene Wandlungsziel-Auswahlanalyse

MITO-gestützte Konfigurationsmanagement-Umsetzung

9

Ein weiteres systematisches Veränderungskonzept ist das MITO-Konfigurationsmanagement-Konzept das ausführlich in dem Springer-Vieweg 2018 erschienenen Managementbuch „Organisation 4.0: MITO-Konfigurations-Management", Springer Vieweg-Verlag, 2018, 597 Seiten, Preis: 54,98 €, Hardcover + eBook ISBN: 978-3-658-20661-1. beschrieben ist.

Über den ganzheitlichen MITO-Konfigurationsansatz erfolgt der Wandel von der funktionsorientierten zu prozessorientierten Organisation über einen vorgegebenen Masterplan mit zwölf Masterplanschritten, die den regelkreisorientierten 5 MITO-Modellsegmenten: „Führung, Input, Transformation, Output, Leitung" zugeordnet sind und entsprechend der MITO-Modellstrukturvorgabe abgearbeitet werden. Die systematische Analyse, Diagnose, Therapie und Evaluierung der einzelnen Masterplanschritte erfolgt mit Unterstützung des MITO-Methoden-Tools in standardisierter Form.

Wobei die in Abb. 9.1 gezeigten 12 Masterplanschritte nur ein Grundmuster der Vorgehensweise aufzeigen. Es lassen sich im Einzelfall nicht notwendige Schritte streichen oder weitere Schritte einfügen und nach dem gleichen nachfolgend erläuterten Schema methodengestützt umsetzen.

Der Bezugs- und Ordnungsrahmen für die Masterplanschrittausführung ist auch hier wieder aus ganzheitlicher Betrachtungssicht das bekannte MITO-Modell. Die notwendigen prozessbezogenen Konfigurations-Umsetzungsaktivitäten sind ebenfalls gezeigt.

Erkenntnisobjekt für die Anwendung dieser Konfigurations-Vorgehensweisen mit den bekannten Modellen, Methoden und Tools ist im Masterplanschritt 1 (Kap. 4) das „Businessmodell" mit der notwendigen Beantwortung der 7 Grundfragen für eine erfolgreiche Unternehmensentwicklung.

9 MITO-gestützte Konfigurationsmanagement-Umsetzung

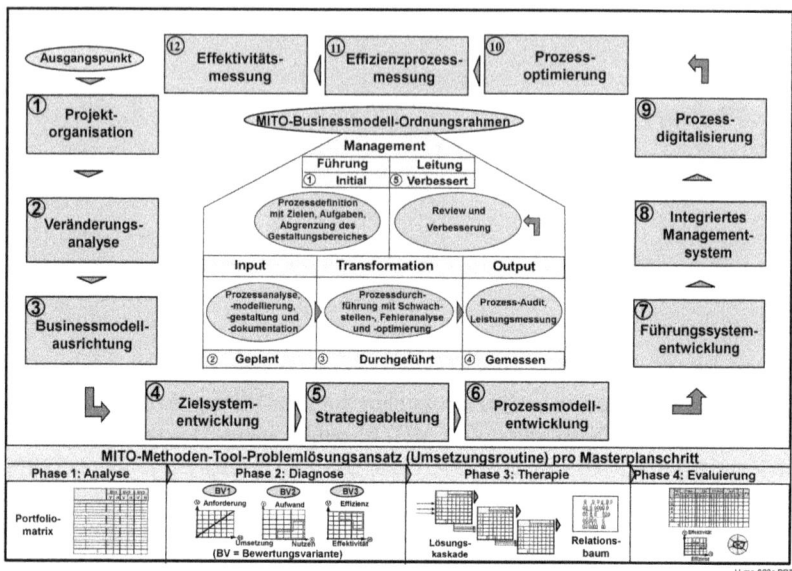

Abb. 9.1 12 MITO-Masterplanschritte zur Organisationsentwicklung

Um diese erfolgreiche Umsetzung der Businessidee zu gewährleisten, ist es erforderlich über eine in Masterplanschritt 2 (Kap. 5) vorgegebene agile Projektorganisation alle notwendigen *Changemanagement*-Aktivitäten in den nachfolgend beschriebenen 10 Masterplanschritten mit den MITO-Konfigurationstools systematisch durchzuführen. Dies auch immer unter dem Gesichtspunkt der Sicherung der Innovationsfähigkeit und unter Anwendung agiler Methoden, um reaktionsschnell auf Markt- und Kundenveränderungen zu reagieren.

Dabei ist es zu gewährleisten alle Anforderungen und Veränderungen mit ihren Auswirkungen zu kennen, die an dieses Businessmodell gestellt werden und zu erfüllen sind. Dies wird im Masterplanschritt 3 (Kap. 6) beschrieben.

Aus dem in Bezug auf das Businessmodell festgestellten Veränderungs- und Handlungsbedarf wird anschließend im Masterplanschritt 4 (Kap. 7) ein organisationsspezifisches Zielsystem in Anlehnung an die oben genannten 5 ganzheitlichen Gestaltungsdimensionen entwickelt. Hierbei wird aus strategischer Sicht nach vorgegebenen Formalzielen und aus operativer Sicht nach Sach-(Prozess-) zielen mit den dazugehörenden Ziel- bzw. Soll-Kennzahlen unterschieden.

9 MITO-gestützte Konfigurationsmanagement-Umsetzung

Zum Erreichen dieser Zielsetzungen ist es im folgenden Masterplanschritt 5 (Kap. 8) notwendig, die Markt- und Wettbewerbsstrategien abzuleiten, die eine strategische und operative Zielerfüllung im Wettbewerbsumfeld ermöglichen. Im Mittelpunkt steht die Ermittlung von Erfolgspotenzialen und Erfolgsfaktoren mit Unterstützung von SWOT-Analysen als Ausgangspunkt der Strategieableitung für eine erfolgreiche Businessmodellumsetzung.

In Masterplanschritt 6 (Kap. 9) wird jetzt das unternehmensspezifische Organisationssystem, d. h. die Vorgabe der prozessorientierten Ordnungsstrukturen für die Erstellung der Produkt- oder Dienstleistung konzipiert. Dieses prozessorientierte Organisationssystem soll die bestehenden funktionsorientierten Organisationsstrukturen ablösen. Dafür ist es nötig, ein Prozessmodell mit Führungs-, Kern- und Unterstützungsprozessen zu definieren und diese Prozesse anschließend rollenbasiert zu analysieren, modellieren und zu dokumentieren.

Nach Konzeption dieses prozessorientierten Organisationssystems und damit auch der Vorgabe der Ordnungsstrukturen für den eigentlichen Wertschöpfungsprozess folgt als nächster Masterplanschritt 7 die Entwicklung eines Führungssystems in Kap. 10, um das Management wie auch die Mitarbeiter durch den Einsatz von Führungsinstrumenten zu qualifizieren, damit diese erfolgreich miteinander innerhalb der prozessorientierten Strukturen die vorgegebenen Zielsetzungen aus Kap. 7 erreichen.

Als Unterstützung oder Ergänzung des Führungssystems gibt es eine große Anzahl von Führungsinstrumenten, die als Integrierte Managementsysteme (IMS) bezeichnet werden und die das Management unterstützen sollen, um bestimmte Anforderungen besser zu erfüllen. Hier handelt es sich beispielsweise um Qualitäts-, Umwelt-, Risiko-, Compliance-Management und viele weitere integrierte Managementsysteme, bei denen die Anforderungen in Form von Normenwerken festgelegt sind. Die prozessorientierte Implementierung solcher Integrierter Managementsysteme wird im Masterplanschritt 8 (Kap. 11) beschrieben.

Ein weiterer notwendiger Schritt zur Wettbewerbssicherung ist die Digitalisierung der Prozesse mit den neuen Cloud-Technologien. Im Masterplanschritt 9 (Kap. 12) wird dazu die Konzeptionsentwicklung über das Enterprise Architektmodell für eine durchgängige Informations- und Kommunikationsverarbeitung in die Prozesslandschaft beschrieben. Arbeits-(Prozess-), Material- und Informationsfluss stehen dabei rollenbezogen durch den Einsatz anforderungsgerechter IT-Applikationen in unlösbarer Wechselbeziehung.

Weiter ist es für das Management wie auch für die Mitarbeiter wichtig, eine kontinuierliche Prozessoptimierung (KVP) durchzuführen. Hierfür gibt es bereits eine ganze Anzahl von Verbesserungskonzepte wie Lean-, KVP-, Potenzialmanagement und weitere Optimierungskonzepte, die im Masterplanschritt 10 in ihrer prozessorientierten Vorgehensweise beschrieben sind.

Im Masterplanschritt 11 erfolgt nach Durchführung der Produkt- oder Dienstleistungserstellung im MITO-Output-Segment die Messung und Auswertung der Prozessergebnisse über den end-to-end- Prozess, um festzustellen, ob die vorgegebenen Sachziele erreicht sind. Hierfür ist ein funktionierendes Controllingsystem notwendig.

Im Masterplanschritt 12 schließt sich der kybernetische Regelkreis des in Kap. 4 beschriebenen Businessmodells mit der Ertragsbewertung, die aufzeigt, ob dieses Businessmodell tatsächlich auch erfolgreich umgesetzt wurde. Hier steht die Messung und Bewertung der Formalziele durch unterschiedliche Methoden, z. B. Audits, Assessments und Reifegrade im Mittelpunkt. Aus diesen Auswertungen ergeben sich die Anstöße für neue Zielvorgaben im MITO-Führungssegment. Der Verbesserungskreislauf im MITO-Businessmodell beginnt von vorne.

In jedem Kapitel werden eine ganze Anzahl von Praxisbeispielen methodenbezogen erläutert, um dem Anwender eine konkrete Hilfestellung bei der Umsetzung der Aufgabenstellungen zu geben. Ein Masterplan-Selbst-Audit zur Handlungsbedarfsermittlung mit allen Umsetzungsaktivitäten schließt das Managementbuch ab. Das Buch unterstützt das Management bzw. die Organisationsverantwortlichen beim notwendigen Struktur-, Strategie- und Kulturwandel für einen nachhaltigen Wettbewerbererfolg.

MITO-gestützte Arbeitswelt der Zukunft-Analyse

10

Seit der Mitte des 18. Jahrhunderts, also ca. ab 1750, begann die industrielle Fertigung von Erzeugnissen durch mechanische Produktionsanlagen mit Unterstützung von Wasser und Dampfkraft. Dies wird heute als erste industrielle Revolution bezeichnet. Gegen Ende des 19. Jahrhunderts, also ca. um 1880, begann durch die Einführung des Fließbandes mithilfe von elektrischer Energie die Massenproduktion und läutete den Start in die zweite industrielle Revolution ein. Ab den 70-er Jahren des 20. Jahrhunderts startete die dritte industrielle Revolution mit dem Einsatz von Elektronik und Computern zur Automatisierung mit dem Ziel der mannlosen Fabrik. Viele der dort postulierten CIM (Computer Integrated Manufacturing)-Zielsetzungen wurden nicht erfüllt. Deshalb wurde bereits 1990 dieser Ansatz als gescheitert angesehen, es begann das Zeitalter der Lean Produktion mit dem Mitarbeiter im Mittelpunkt.

Heute stehen wir am Beginn der vierten industriellen Revolution, auch als Industrie 4.0 oder Internet der Dinge bezeichnet. Hierbei geht es um die Verknüpfung von vielen Produktionstechniken bzw. Automatisierungsinseln über das Internet mit Echtzeitkommunikation. Dies in der Verbindung mit der Virtualisierung von physischen Produktions- und Logistikprozessen.

Der Treiber für diese vier Revolutionsstufen war immer das Bemühen der Verantwortlichen, möglichst effizient und ausbaufähig die Zukunft ihres Unternehmens zu gestalten. Deshalb bleibt die Arbeitswelt der Zukunft ein herausragendes Thema für die Unternehmens- und Organisationsentwicklung. *Changemanagement,* Wandlungsfähigkeit, Agilität sind aktuelle Unterthemen, die heute intensiv diskutiert werden. Gefordert wird eine hohe Anpassungsgeschwindigkeit auf die sich ständig wandelnden Umfeldbedingungen im Kundenverhalten, auf den Märkten oder bei Wettbewerbern. Diese ist überlebensnotwendig und

© Der/die Autor(en), exklusiv lizenziert an Springer Fachmedien Wiesbaden GmbH, ein Teil von Springer Nature 2025
H. Binner, *Ganzheitliches Veränderungs- und Wandlungsmanagement,* essentials, https://doi.org/10.1007/978-3-658-49777-4_10

gleichzeitig eine permanente Aufgabenstellung, die systematisch und strukturiert vom Management erledigt werden muss, um zu überleben. Je eher die Veränderungen und Anforderungsveränderungen in der zukünftigen Arbeitswelt erkannt werden, umso einfacher wird eine Anpassung möglich sein. Wobei der Begriff Arbeitswelt sehr umfassend und mehrdeutig ist. Er lässt sich sehr gut durch das zweite Organisationsparadigma „Prozessmanagement" präzisieren. Die Fragestellung lautet jetzt: Wie müssen sich mit Hilfe von Industrie 4.0 die Wertschöpfungsprozesse anpassen, um auch zukünftig wettbewerbsfähig zu bleiben. In dieser prozessbezogenen Formulierung können alle Facetten der zukünftigen Arbeitswelt berücksichtigt werden, weil immer der organisationsspezifische Aspekt betrachtet werden kann, unabhängig davon, ob es sich um Führungs-, Kern- oder Unterstützungsprozesse in der betrachteten Branche handelt. In Abb. 10.1 sind die möglichen Arbeitswelt-Veränderungen in den 5 Segmenten in dem bereits erklärten MITO-Modell abgebildet.

Diese Veränderungen beziehen sich einmal im vorderen Management-Segment (Führung) auf die Führungsstrukturveränderungen, insbesondere auf die Übertragung von Verantwortung und Einflussnahme an die Mitarbeiter. Im

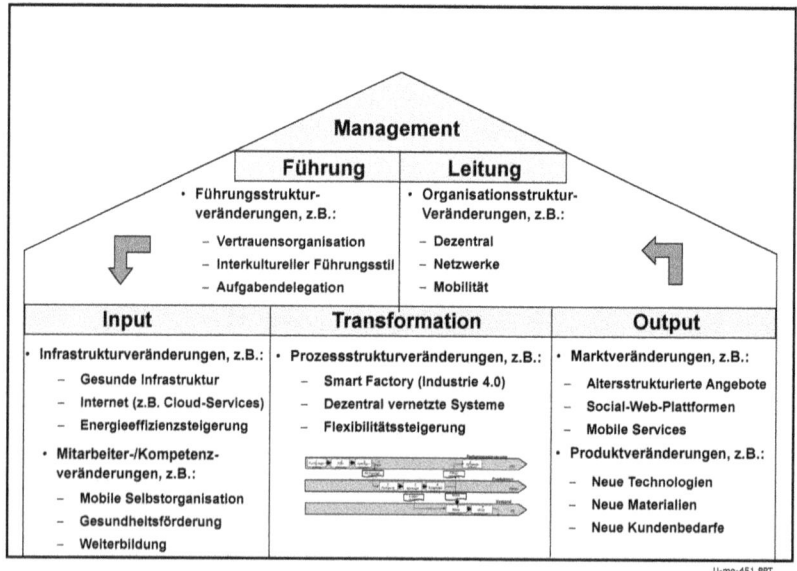

Abb. 10.1 Wie verändern sich die Organisation und damit die Prozesse?

10 MITO-gestützte Arbeitswelt der Zukunft-Analyse

Inputsegment bezogen auf die Infrastrukturveränderungen, insbesondere dabei auf die Mitarbeiterkompetenz- und- Qualifikationsveränderungen als wichtigste Ressource. Im Transformationssegment geht es um die Prozessstrukturveränderungen unter Einbezug des Industrie 4.0-Ansatzes. Kundenbezogen sind es dann im Outputsegment die stetig stattfindenden Marktveränderungen und Produktveränderungen. In der Rückkopplung zum hinteren Managementsegment (Leitung) handelt es sich abschließend um die notwendigen Organisationsstrukturveränderungen.

Die in diesem Zusammenhang zu beantwortenden Grundfragen zur Zukunft der Arbeits- bzw. Prozesswelt lassen sich in Abb. 10.2 in 7 Fragestellungen mit den notwendigen Antworten formulieren, die sich ebenfalls wieder am MITO-Regelkreismodell orientieren. Erforderlich ist, wie auch bei den o. g. strategischen Umsetzungsempfehlungen vorgegeben, allerdings die Vorgabe eines ganzheitlichen und durchgängigen Ansatzes zur Beantwortung dieser Grundfragen.

Im Mittelpunkt steht wieder die systematische Vorgehensweise zur Beantwortung dieser Grundfragen mit dem Anspruch einer pragmatischen methodengestützten Antwortenumsetzung und dem Ziel einer hohen Anpassungsgeschwindigkeit.

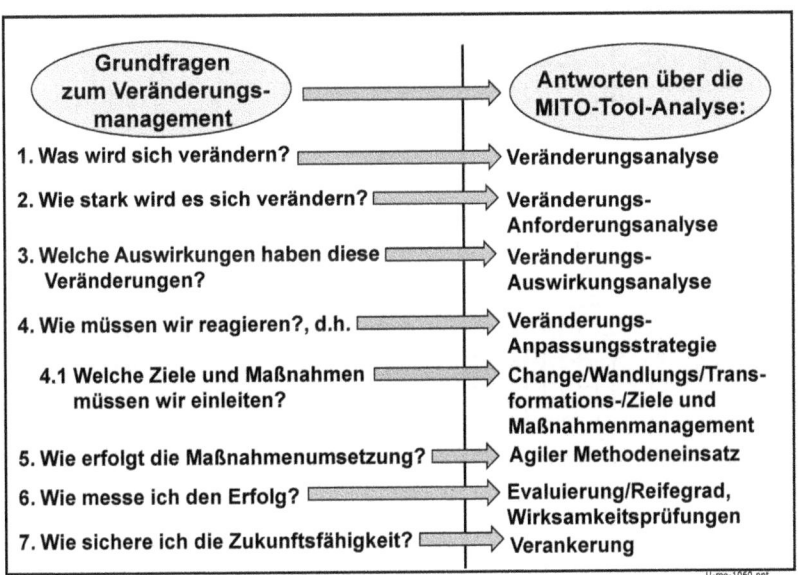

Abb. 10.2 Antworten auf die Fragen zur Zukunft der Arbeitswelt

Dies auch immer unter der Berücksichtigung der in Kap. 11 „*Zukunftsfähigkeit*" erläuterten Balance zwischen den Hard- und Softfacts für eine ganzheitliche Organisationsentwicklung.

Für die Analyse dieser arbeitsweltspezifischen Veränderungen wird mit dem MITO-Methoden-Tool eine systematisch miteinander verknüpfte

- Veränderungsanalyse
- Anforderungsanalyse
- Auswirkungsanalyse
- Anpassungsanalyse

durchgeführt, um die Anpassungsfragen zu Veränderungen in der zukünftigen Arbeits- bzw. Prozesswelt zu beantworten. In Abb. 10.3 sind zu jeder der 4 genannten Analysen jeweils 4 Bewertungsvarianten (BV) mit den dazugehörigen Portfoliodiagrammen ausgebildet.

Diese 4 Veränderungsanalysen lassen sich in gleicherweise auch bei dem bereits erläuterten Transformations- und *Wandlungsmanagement* einsetzen.

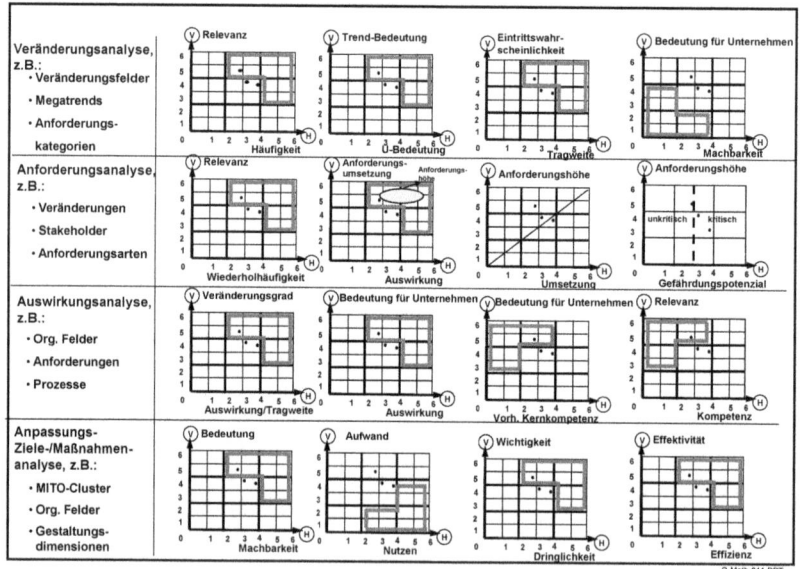

Abb. 10.3 Veränderungs- und Auswirkungsanalyse-Bewertungsvarianten

Die zu bearbeitenden Handlungsfelder mit der Erstellung der Ziele-Maßnahmenbäume und To-Do-Listen sind bewertungsvariantenabhängig im Portfolioergebnisdiagramm gekennzeichnet. Damit wird eine zielführende Abarbeitung wie in Kap. 4 bei der Ziele-Maßnahmen-z-Ableitung erläutert, gewährleistet.

10.1 Systematische Veränderungsanalyse

In Bezug auf die Veränderungsanalyse und Bewertung lassen sich eine ganze Anzahl unterschiedlicher Hauptkriterien (Cluster) bilden, um diese Veränderungen exakt zu bewerten. Eine mögliche Einteilung in der vorgegebenen Portfoliomatrix ist beispielsweise die Analyse von:

1. Strategischen Änderungen
2. Taktischen Änderungen
3. Dispositiven Änderungen
4. Operativen Änderungen.

Diese Einteilung bezieht sich auf die Durchgängigkeit innerhalb einer Organisation in Bezug auf die Hierarchieebenen. Innerhalb der genannten Hauptkriterien sind in der dazugehörenden Portfoliomatrix zeilenweise eine ganze Reihe von Einzelveränderungskriterien genannt. Eine andere Analyseeinteilung bzw. Clusterbildung könnte sich beispielsweise beziehen auf:

1. Führungs-/Strategieveränderungen
2. Organisationsstrukturen/Prozessveränderungen,
3. Ressourceneinsatz/Mitarbeiterveränderung,
4. Kunden/Marktbeziehungsveränderungen.

Hinter jedem dieser Hauptbegriffe gibt es ebenfalls in der zugrunde liegenden Portfoliomatrix eine Anzahl von Einzelbewertungskriterien, die innerhalb dieses Hauptbegriffes das jeweilige Analysespektrum abdecken.
  Eine weitere Einteilung einer Veränderungsanalyse-Clusterbildung bezieht sich beispielsweise auf:

1. Managementbezogene Handlungsfelder,
2. Inputbezogene Handlungsfelder,
3. Informationsbezogene Handlungsfelder
4. Outbezogene Handlungsfelder.

Die in diesen Clustern beschriebenen Detailveränderungskriterien orientieren sich sehr eng am oben beschriebenen MITO-Modell, d. h. den einzelnen Segmenten, die ja miteinander verknüpft den prozessorientierten Ansatz abbilden. Zu jedem dieser Detailveränderungskriterien besteht die Möglichkeit, über eine Ebene tiefer ebenfalls in der Portfoliomatrix eine weitere noch detaillierte Betrachtung vorzunehmen, um auf diese Weise sehr exakt den Veränderungsbedarf zu lokalisieren. Je genauer d. h. detaillierter die Analyse durchgeführt wird, umso einfacher wird es für den Anwender auch sein, die Auswirkungen dieser Veränderungen auf die Prozesse zu bewerten. Dies wiederum führt dazu, dass die notwendigen Anpassungsmaßnahmen damit sehr einfach abzuleiten sind.

10.2 Systematische Anforderungsanalyse

Die systematische Anforderungsanalyse wird methodisch in gleicher Weise wie die Veränderungsanalyse durchgeführt. Die Auswahl und Bewertung der aus den Veränderungen resultierenden Anforderungen an die Organisation kann ebenfalls wieder nach unterschiedlichen Bewertungssichten bzw. Themenbereichen erfolgen, die spaltenweise der MITO-Methoden-Portfoliomatrix zugeordnet sind. Hierbei finden vorbereitete Anforderungskataloge bzw. Checklisten im MITO-Methoden-Tool Verwendung. So lassen sich Anforderungen – wie in Abb. 10.4 gezeigt – beispielsweise aus Sicht von Stakeholdern, Prozessen, Wissensgebieten, Gefährdungspotenzialen, Managementsystemen und weiteren Themenbereichen analysieren und bewerten.

Die Bewertungsdimensionen pro Bewertungsvariante (BV) innerhalb der Portfoliomatrix wie z. B. BV1: Anforderung/Erfüllungsgrad oder BV2: Wichtigkeit/Dringlichkeit verändern sich je nach Themensicht. Ebenso kann sich je nach betrachtetem Themenbereich die Anforderungshöhe der zugrunde gelegten Anforderung anpassen. In den MITO-Portfolio-Diagrammen werden diese Bewertungsergebnisse grafisch abgebildet. Zeilenweise lässt sich so für eine bestimmte Anforderung grafisch darstellen, wie die Anforderungshöhen je nach Themenbereich variieren. Ähnlich wie bei den Risikoanalysen lassen sich für die einzelnen Anforderungsarten die Gefährdungspotenziale bei Nichterfüllung in Portfoliodiagrammen abbilden oder auch unterschiedliche Bewertungskategorien, z. B. in Bezug auf Kosten, Werte, Umwelt, Unternehmen und anderen Bewertungsparametern grafisch darstellen. Abb. 10.4 zeigt dazu ein Beispiel.

Die Handlungsfelder bei der jeweiligen Sichtweise auf die Veränderungsanforderungen sind wieder in den dazugehörenden Ergebnisportfoliodiagrammen für die bereits in Kap. 4 ausführlich erläuterte Handlungsbedarf-Ziele-Maßnahmen-Baum-Ableitung gekennzeichnet.

10.3 Systematische Auswirkungsanalyse

Veränderungs-Anforderungen, z.B.:	Analysesichten, z. B.:																							
	Stakeholder-Sicht								Prozesssicht								Wissensgebietssicht								Gefährdungspotenzialsicht							
	S1		S2		S3		S4		P1		P2		P3		P4		W1		W2		W3		W4		G1		G2		G3		G4	
	V	H	V	H	V	H	V	H	V	H	V	H	V	H	V	H	V	H	V	H	V	H	V	H	V	H	V	H	V	H	V	H
1 Funktion	5	3																														
2 Sicherheit	4	3																														
3 Qualität	6	4																														
4 Transparenz	4	4																														
5 Kosten	5	4																														
6 Zufriedenheit	6	2																														
7 Zeiten	5	3																														
Gesamt $\frac{\Sigma}{\Sigma/n}$	5	3,3																														

Abb. 10.4 MITO®-gestützte Anforderungsbewertung nach unterschiedlichen Themenbereichen

10.3 Systematische Auswirkungsanalyse

Auch die nun folgende systematische Auswirkungsanalyse wird mit dem MITO-Methoden-Tool zweidimensional durchgeführt. Für die Ermittlung der vorher ermittelten Veränderungen und Anforderungen in Bezug auf die Arbeitswelt der Zukunft waren die oben beschriebenen Veränderungs- und Anforderungsbewertungen nur der erste Schritt im Problemlösungskreislauf, d. h. die Analyse. Die daraus resultierenden Konsequenzen bzw. möglichen Auswirkungen sind in den folgenden Schritten zu bestimmen.

Für die systematische Ermittlung der Veränderungsauswirkungen auf die Organisation findet ebenfalls wieder eine MITO-Portfolioanalyse statt. Vorlage bei der Erstellung der notwendigen Veränderungs-Auswirkungs-Referenzportfoliomatrix sind hier beispielsweise die von Ayad Al-Ani/Gattermann vorgeschlagenen Veränderungskriterien. Abb. 10.5 zeigt die dazugehörende Portfoliomatrix mit den dazugehörenden Auswirkungsfeldern. Es finden zwei Bewertungsvarianten (BV1) und (BV2) Anwendung.

Nr.	Organisations-Auswirkungs-Felder	G	Bewertungskriterien (BV)			
			BV1		BV2	
			Relevanz	Auswirkung	Bedeutung	Machbarkeit
1. Aufbauorganisationsauswirkungen, z. B.:						
1.1	Konzern		6	4	3	3
1.2	Geschäftsbereich		5	3	3	4
1.3	Werk		3	4	4	3
1.4	Abteilung		3	6	4	5
1.5	Arbeitsplatz		3	4	4	6
Σ			19	21	18	21
Σ			3,8	4,2	3,6	4,2
2. Organisations-Zuordnung-Auswirkungen, z.B.:						
2.1	Stab		3	5	4	5
2.2	Linie		3	4	3	5
2.3	Eigenständig		4	6	3	4
2.4	Disziplinarische Zuordnung		4	3	5	6
2.5	Fachliche Zuordnung		6	4	3	4
Σ			20	22	18	24
ΣC/n			4	4,4	3,6	4,8
3.						
3.1	Aufgaben inhalte		4	4	3	3
3.2	Procedueren		6	3	3	4
3.3	Richtlinien		5	5	4	4
3.4	Vorschriften		6	4	6	3
3.5	Nachweise		4	5	4	5
Σ			25	21	20	19
ΣC/n			5	4,2	4,0	3,8
4. Schnittstellen/Korrekturenauswirkungen, z.B.:						
4.1	Business Analyst		4	4	3	4
4.2	Prozessowner		5	6	3	3
4.3	Qualitätsmanagement		4	3	3	4
4.4	Controlling		4	4	6	3
4.5	Industrial Engineering		3	4	5	4
Σ			20	21	21	18
ΣC/n			4	4,2	4,2	3,6
5. Prozess-Führungsauswirkungen, z.B.:						
5.1	Unternehmenskultur		3	4	5	4
5.2	Zielvereinbarung		4	6	3	3
5.3	Delegation		6	5	4	6
5.4	Verantwortlichkeit		5	3	6	4
Σ			18	18	18	17
ΣC/n			4,5	4,5	4,5	4,3
Skala: 1=niedrig 6=hoch Gesamt		Σ	102	103	95	99
		ΣC/n	4,3	4,3	4,0	4,1
		%	51,8	51,0	48,0	49,0
		Rang	1	1	2	2

Abb. 10.5 MITO-gestützte Auswirkungsanalyse

Auch hier ermöglichen die Ergebnisdarstellungen im Portfoliodiagramm in Abb. 10.6 wieder eine detaillierte Aussage, an welcher Stelle in den Prozessen oder in der Organisation Maßnahmen eingeleitet werden müssen, um die eingetretenen Veränderungen anforderungsgerecht abzudecken, d. h. die Abläufe den lokalisierten Veränderungen anzupassen.

10.3 Systematische Auswirkungsanalyse

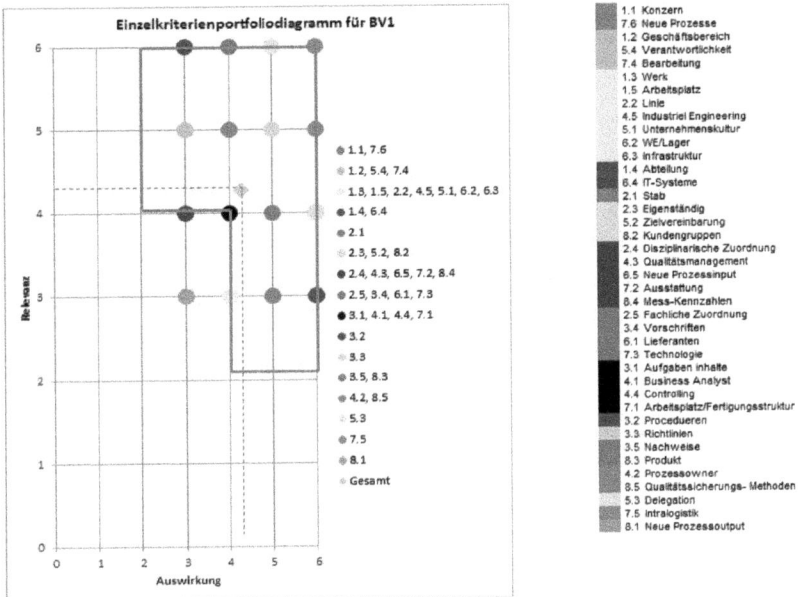

Abb. 10.6 MITO-gestützte Einzelkriterien-Portfoliodiagramm für BV

Bei dem in Abb. 10.7 gezeigten Einzelkriterien-Portfoliodiagramm für die Bewertungsvariante 1 (BV1) nach Relevanz/Auswirkung sind alle in dem oberen rechten Quadranten zugeordneten Organisationsauswirkungen näher zu betrachten, weil sie erhebliche Anpassungen erfordern. Würden sich die Einzelkriterien in der linken unteren Ecke des Quadranten befinden, wären keine weiteren Aktivitäten oder detaillierte Betrachtungen notwendig.

In die Betrachtung der unterschiedlichen Auswirkungen in Bezug auf die zukünftigen Veränderungen und eventuellen Anforderungserhöhungen können ebenfalls systematisch Risiko-, Gefährdungs- oder Schadensanalysen in die Auswirkungsbetrachtung einbezogen werden. Abb. 10.8 zeigt eine managementsegmentbezogene Schadensportfoliobewertung in Bezug auf die Bewertungsdimensionen „V = Schadenshöhe und H = Eintrittswahrscheinlichkeit". Hier sind in einer Notenskala von Note 1 bis Note 6 vom Anwender frei konfigurierbare maximale Schadenshöhen vorgegeben, an denen sich die Bewertung orientiert. Gleiche Referenzportfolios mit Schadensarten zur Schadenshöhebestimmung gibt es auch für die anderen MITO-Segmente, d. h. für das Input-Segment, das Transformations-Segment und das Output-Segment.

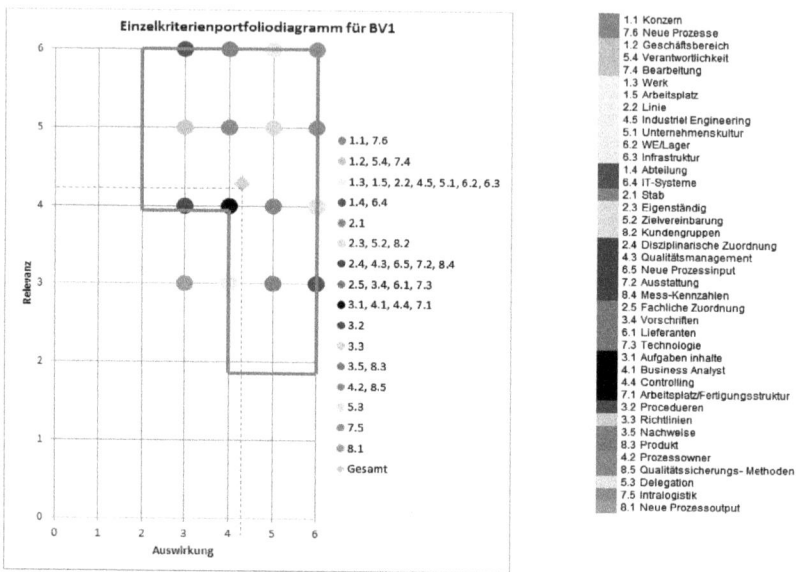

Abb. 10.7 MITO-gestütztes Einzelkriterien-Portfoliodiagramm für BV1

Über die Bewertung der eventuellen Schadenshöhe und der Eintrittswahrscheinlichkeit ergeben sich für den Anwender noch wichtige Hinweise, inwieweit er die vorher lokalisierten Veränderungen und Auswirkungen jetzt unter dem Gesichtspunkt der Gefährdungen und eventuellen Schadensfolgen bei der Ziele- und Maßnahmenableitung anders zu bewerten hat.

10.4 Systematische Changemanagement-Zielableitung

Die Ergebnisse der MITO-Tool-gestützten Veränderungs-, Anforderungs- und Auswirkungsanalysen sind in der jetzt folgenden Phase „Therapie" der Bezugspunkt für die Formulierung der Zielsetzung und Maßnahmenableitung der jetzt folgenden Arbeitswelt der Zukunft bzw. in allgemeiner Form einer *Changemanagement*-Umsetzung.

In Abb. 10.9 ist die Vorgehensweise mit dem MITO-Methoden-Tool bei einer systematischen *Changemanagement*-Zielanalyse und -evaluierung in Verbindung mit einer Korrelations- und Sensitivitätsanalyse abgebildet.

10.4 Systematische Changemanagement-Zielableitung

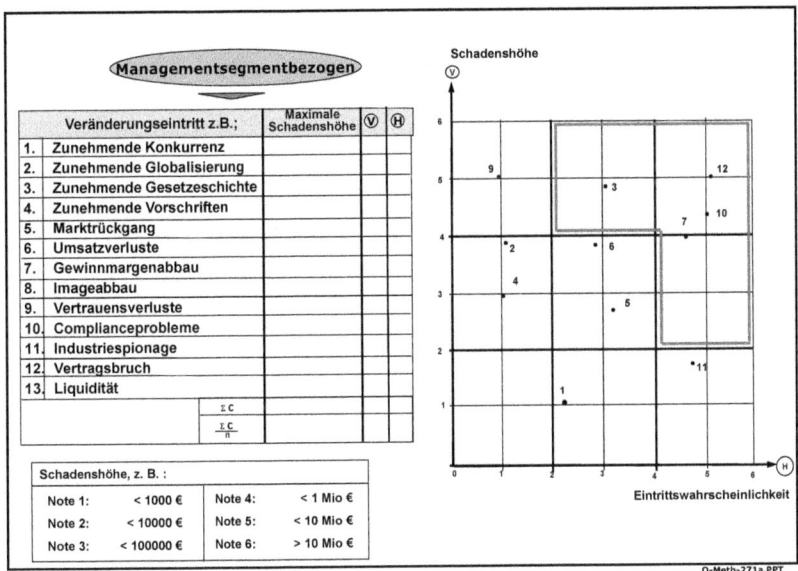

Abb. 10.8 MITO-Managementsegmentbezogene Schadenshöhe-Portfoliobewertung

Ausgangspunkt ist die Entwicklung einer Arbeitswelt der Zukunft bzw. allgemein eines *Changemanagement*-Zielkataloges in Form einer Portfoliomatrix. In Abschn. 8.2 waren MITO-Modellbezogen einige Wandlungsziele genannt, die auch beim *Changemanagement* Anwendung finden können. Spaltenweise können wieder unterschiedliche Bewertungsvarianten zur Zielfindung zweidimensional verwendet werden. Bewertungsvariante 1 (BV 1) zeigt ein Beispiel in Bezug auf Wichtigkeit/Dringlichkeit. Bewertungsvariante 2 (BV 2) nach Bedeutung/Kompetenz. Die ausgewählten Changemanagementziele können jetzt über einen paarweisen Vergleich in einer Relationsmatrix für die Erstellung eines *Changemanagement*-Zielprofiles priorisiert werden.

Die gleiche Methode kann auf für die Lokalisierung der wichtigen *Changemanagement*-Stakeholder Anwendung finden. Über eine *Changemanagement*-Korrelationsanalyse lässt sich zusätzlich für jedes Changemanagementziel einzeln ermitteln, ob die anderen *Changemanagement*-Zielsetzungen unterstützend oder kontraproduktiv wirken. Der Beeinflussungsgrad der ausgewählten *Changemanagement*-Zielsetzungen untereinander wird ebenfalls über ein Relationsdiagramm in Form eines Sensitivitätsdiagramms ermittelt. Das Ergebnis wird grafisch in einem Aktiv/Passiv-Diagramm dargestellt. Dieses Diagramm zeigt die

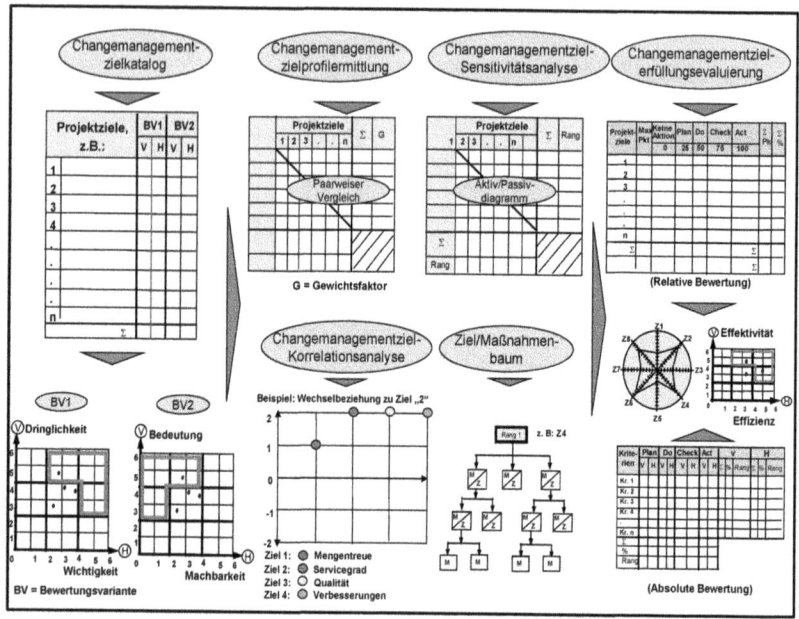

Abb. 10.9 MITO-gestützte Changemanagement-Zielanalyse und -evlaluierung

kritischen *Changemanagement*-Zielsetzungen, die die anderen Changemanagementziele am stärksten beeinflussen, aber gleichzeitig selber auch stark beeinflusst werden. Über die zeilen- und spaltenweise Rangberechnung des Sensitivitätsdiagramms ist es anschließend möglich, bottom-up (zeilenweise) oder top down (spaltenweise) einen hierarchischen Ziele/Maßnahmenbaum mit entsprechender Zuordnung der Zielkennzahlen abzuleiten.

10.5 Hauptansatzpunkte zur Organisations- und Prozessanpassung

Nachdem sich die Veränderungen und Auswirkungen in ihren Ausprägungen über die Portfoliomatrixbewertung nach unterschiedlichen Bewertungsdimensionen sehr detailliert ermitteln lassen, müssen jetzt Überlegungen angestellt werden, welche Maßnahmen zur Erfüllung der im vorherigen Punkt abgeleiteten Changemanagementziele einzuleiten sind, um die interne-Abläufe diesen Veränderungen anzupassen. Auch hierbei können wieder in einer MITO-Portfoliomatrix die

10.5 Hauptansatzpunkte zur Organisations- und Prozessanpassung 55

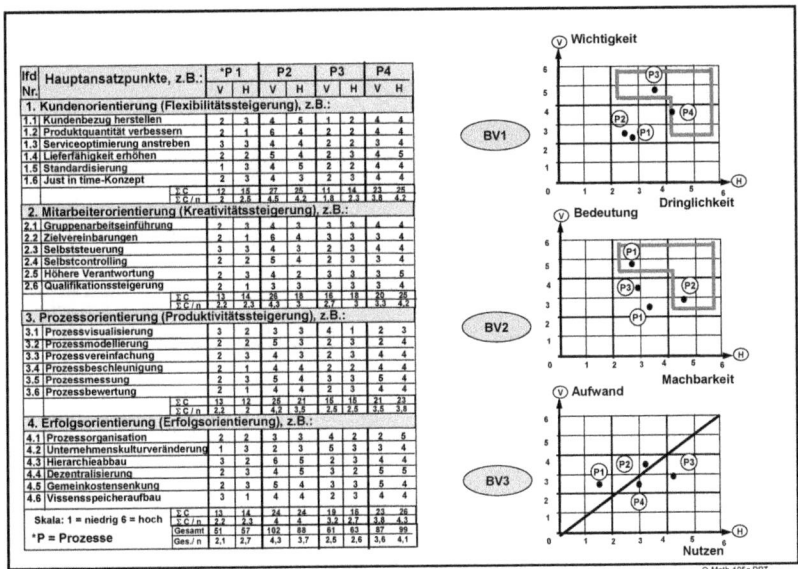

Abb. 10.10 Hauptansatzpunkt-Veränderungsportfoliomatrix

Hauptansatzpunkte als Cluster vorgegeben werden. Dazu gehören dann innerhalb der 4 Clusters gezeigten Cluster „Kunden-, Mitarbeiter-, Prozess- und Erfolgsorientierung" die Detailansatzpunkte. Abb. 10.10 zeigt eine solche veränderungsbezogene Hauptansatzpunkte-Portfoliomatrix für 4 im Blickpunkt stehende Prozesse: P1 bis P4.

Auch bei der Bewertung der Hauptansatzpunkten oder Maßnahmen in Abb. 10.10 lassen sich unterschiedliche Strukturierungsvorgaben im MITO-Methoden-Tool einsetzen. Eine mögliche Maßnahmenstrukturierungsstruktur bezieht sich auf

1. Technische Maßnahmen
2. Organisatorische Maßnahmen
3. Personelle Maßnahmen mit den dazugehörigen Einzelkriterien.

Aus den Bewertungsergebnissen wird jetzt für die Therapie- bzw. Umsetzungsphase eine Problemlösungskaskade in gleicherweise wie die in Kap. 4 beschriebenen Handlungsbedarfs-Ziele-Maßnahmenbaum-Ableitung erstellt. Diese Kaskaden besteht aus Veränderungen, Anforderungen, Organisationsauswirkungen,

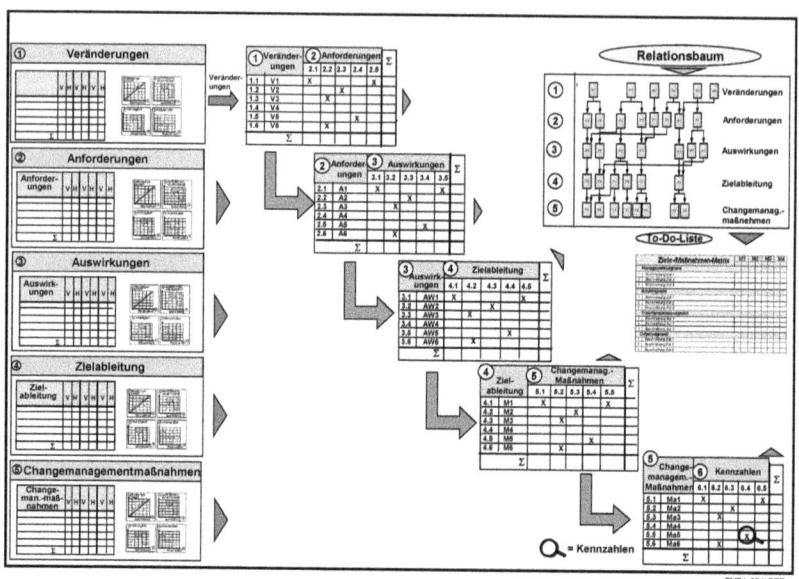

Abb. 10.11 MITO-gestützte Changemanagement-Umsetzungskaskadenbildung

Folgen, Maßnahmen, Kennzahlen mit Verantwortlichkeiten und Terminen und ist – wie in Abb. 10.11 gezeigt – grafisch als Relationsbaum abgebildet.

Dieser Relationsbaum stellt wieder eine direkte Handlungsanweisung in Form einer To-Do-Liste für die systematische Abarbeitung der Aktivitäten zur Einbeziehung der Anforderungsveränderungen oder Megatrendeinflüsse in die unternehmensspezifische Organisationsentwicklung dar.

Diese im Relationsbaum abgebildeten Veränderungen, Anforderungen, Auswirkungen, *Changemanagement*-Zielsetzungen und Maßnahmen sind Bezugspunkt für einen im folgenden Kapitel erläuterten MITO-gestützten agilen Methodeneinsatz, wie z. B. SCRUM mit der eigentlichen Changemanagementumsetzung.

10.6 Agiles Business Process Management

Wie bereits bei der Umsetzung des *Wandlungsmanagement* erläutert, wird in den letzten Jahren aufgrund der Dynamik auf den Märkten, z. B. durch die Globalisierung, verstärkt die Wandlungsfähigkeit bzw. Agilität gefordert. Wandlungsfähige Unternehmen besitzen die Fähigkeit zur Anpassung an Veränderungen, um auf

10.6 Agiles Business Process Management

Turbulenzen, wie z. B. konjunkturelle Schwankungen, veränderte Produktvarianten, Ressourcenknappheit oder kurze Produktlebenszyklen in globaler Lieferketten zeitnah reagieren zu können. Gefordert ist also eine rasche Prozessanpassung an vorher nicht bekannte oder unvorhersehbare Ereignisse, um damit die Wettbewerbsfähigkeit zu erhalten.

Aus ganzheitlicher Sicht lassen sich die unterschiedlichen ungeplanten Veränderungen im MITO-Modell den einzelnen fünf MITO-Modell-Segmenten zuordnen, wie Abb. 10.12 zeigt. Diesen Veränderungen lassen sich anschließend auch die erforderlichen Agilitätsausprägungen zuordnen, d. h. im Führungssegment die Führungsagilität, im Inputsegment die Mitarbeiteragilität, im Transformationssegment die Prozessagilität, im Outputsegment die Produktmarktagilität und im Leitungssegment die Leitungsagilität. Weiter kann auch eine Unterteilung in operative Agilität und strategische Agilität vorgenommen werden.

Um die notwendige ganzheitliche Agilität zu erreichen, ist es naheliegend die seit einigen Jahren im Projektmanagement verwendeten agilen Methoden und Praktiken bei der Softwareentwicklung einzusetzen. Hierbei handelt es sich um Lösungsansätze, die die Flexibilität, Kundenorientierung und Schnelligkeit fördern sollen. Dies immer unter der Beachtung des minimalen Aufwandes.

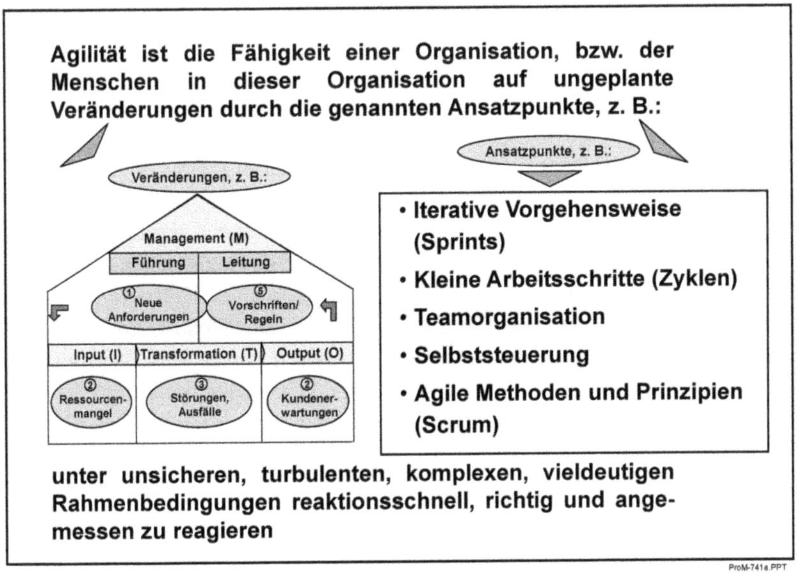

Abb. 10.12 MITO-modellbezogene Agilitätslösungsansätze

Beispielsweise durch Abbau der Bürokratie, starker Berücksichtigung mitmenschlicher Aspekte und des Kundeninteresses.

Damit werden auch die im agilen Manifest von Ken Schwaber und anderer im Jahre 2001 formulierten Grundsätze der agilen Softwareentwicklung berücksichtigt. Hierbei handelt es sich um:

- Menschen und Interaktionen sind wichtiger als Methoden und Werkzeuge.
- Funktionierende softwaregestützte Projekte/Prozesse sind wichtiger als umfassende Dokumentationen mit hohem aber falschem Detaillierungsgrad.
- Zusammenarbeit mit dem Kunden ist wichtiger als Vertragsverhandlungen.
- Eingehen auf Veränderungen ist wichtiger als das Festhalten an einem Plan mit detaillierenden Arbeitspaketen.

Besitzt ein Unternehmen bzw. eine Organisation diese agilen Fähigkeiten bei der Prozessdurchführung, kann auf Unsicherheit und Komplexität schnell und flexibel reagiert werden. Hieraus entwickelt sich ein weiterer gravierender Vorteil für die Durchführung der unternehmensspezifischen Planungs- und Budgetprozesse. Diese Planungs-, Budget- und Steuerungsprozesse sind in der Vergangenheit gekennzeichnet durch starre Planungsvorgaben und Zyklen verbunden mit einem hohen Abstimmungsaufwand über viele Hierarchiestufen und ist zusätzlich häufig verbunden mit einem übertriebenen Scheingenauigkeitsgrad und zeitaufwendigen Rekursionsstreifen. In der Vergangenheit ist hier auch von den Verantwortlichen schon häufig die Sinnhaftigkeit dieser Vorgehensweise diskutiert worden. Insbesondere dann, wenn sich herausgestellt hat, dass die Realität sehr stark von diesen aufwendig erarbeiteten Vorgaben abgewichen ist.

Viel einfacher und schneller geht es ohne diese starren Planungs- und Budgetvorgaben über eine zielgerichtete Unternehmenssteuerung auf der Grundlage agiler Prinzipien, insbesondere durch die informatorische horizontale und vertikale Vernetzung der Wertschöpfungskette mit der Automatisierungstechnik und Echtzeitauswertung, ergänzt durch Fremdanalysen unter Einsatz der neuen Informationstechnologien wie Enterprise Mobility, KI, Cloud-Computing, Big Data oder Social Business. Ist-Reporting in Echtzeit ist die Voraussetzung und der entscheidende Erfolgsfaktor für die agile Prozessdurchführung ohne die Planungsvorgaben. Diese Planungsvorgaben könnten auch über Forecasting ersetzt werden. Unter Forecasting ist eine Prognose zur zukünftigen Entwicklung, ohne einen hohen Verbindlichkeitsgrad gemeint. Bei starken Abweichungen ergeben sich Anstöße zu genaueren Untersuchungen, warum man in den Forecastüberlegungen so danebengelegen hat.

11 MITO-Hard- und Softfacts-Führungsbalance bei Veränderungskonzepten

Die *Zukunftsfähigkeit* eines Unternehmens, einer Organisation oder einer Institution hängt im hohen Maße davon ab, ob externe oder interne Veränderungen frühzeitig erkannt werden, die sich gravierend für die zukünftige Entwicklung auswirken werden und auf die rechtzeitig zu reagieren ist, beispielsweise durch eine ganzheitliche Geschäftsmodelltransformation.

Entscheidend für den Erfolg des Veränderungs-, Wandlungs- oder Transformationsprozesses sind aber die Beteiligten d. h. die Manager, Mitarbeiter und weitere Stakeholder, die diesen Veränderungsprozess durchführen und begleiten müssen. Dies wird in den wissenschaftlichen Veränderungstheorien von Levin, Kotter, Krüger und weiteren in den Mittelpunkt gestellt. Das Management muss in der Lage ein, die Veränderungen in die Unternehmens- und Wertekultur mit einzubilden.

Aus Sicht des Autors ist es aber für die Befähigung des Managements genauso wichtig, eine systematische Vorgehensweise für die richtige Entscheidungsfindung zu einer zielführenden Umsetzung mit anschließender *Zukunftsfähigkeit*-Wirksamkeitsprüfung vorzugeben.

Mit der hier vorgestellten MITO-Modellstrukturvorgabe und dem MITO-Methoden-Tool wird allen Beteiligten eine standardisierte Vorgehensweise an die Hand gegeben, um für unterschiedlichste Veränderungsthemen und -anstöße methodengestützt:

- rechtzeitig den Veränderungsbedarf zu erkennen
- die Auswirkung auf die eigene Situation zu bewerten
- die daraus resultierenden Anpassungsanforderungen zu analysieren
- die Anpassungsziele und Anpassungsmaßnahmen abzuleiten
- klare Handlungsanweisungen über Anpassungs-To-do Listen zu generieren
- systemische Wirksamkeits- und Zielüberprüfungen durchzuführen.

Auf diese Weise wird die Befähigung und Qualifizierung der Verantwortlichen sichergestellt, die *Zukunftsfähigkeit* der betrachteten Organisation zu gestalten. Vorausgesetzt, das:

- die Verhaltensweisen der Führungskräfte und Mitarbeiter den Veränderungsprozess mittragen
- sich in der Vergangenheit bewährte Aufbau- und Ablaufstrukturen verändern
- neue Regeln der Zusammenarbeit akzeptiert und fest verankert werden
- weitere humanbezogene Erfolgsfaktoren der organisationalen Veränderungen, wie von Levin und Kotter genannt, Berücksichtigung finden.

Wichtig ist es, aus übergeordneter Organisationsentwicklungssicht bei diesen Veränderungsprozessen die richtige Balance zwischen den unterschiedlichen Ansätzen der sozialwissenschaftlichen und technikwissenschaftlichen Thesen in Bezug auf die Organisationsentwicklung zu finden. Nachfolgend sind einige sozialwissenschaftliche Thesen und Schlussfolgerungen genannt, die aus mitarbeiterbezogener Sicht den Anspruch auf Selbstbestimmung und Eigenverantwortlichkeit betonen.

Sozialwirtschaftliche Thesen, z. B.
- Fokussierung auf technische Abläufe und Normen führt zum Überdruss
- Formalisierung und Bürokratisierung verhindern die Kreativität und Innovation
- Standardisierung führt zur Entfremdung
- Routinen zum Verlust von Nähe und Identifikation

Sozialwirtschaftliche Schlussforderungen, z. B.
- Organisationsentwicklung ohne Verfahrensformalisierung
- Organisationsentwicklung ohne Verfahrensformalisierung und bürokratischen Korsett
- Organisationsentwicklung kann weder sinnvoll verordnet noch auf Maßnahmenebene vorgeschrieben werden
- Organisationsentwicklung nicht als verordnete Mühsal erleben, sondern als angstfreien Raum mit vertrauensvoller Kommunikation

Ergänzt werden die Aussagen über die sozial- und technikwissenschaftlichen Interpretation einer positiven d. h. selbstbestimmten und einer negativen d. h. fremdbestimmten Disziplinbegriffes.

Positive Disziplindeutung: (Technische Sicht), z. B.
Das disziplinierte Einhalten von Regeln, Verabredungen, Ein- und Unterordnungen durch die Prozessbeteiligten schafft Entlastung, Entspannung und Sicherheit über definierte Handlungsspielräume (Selbstbestimmung)

Negative Disziplindeutung: (Sozialwissenschaftliche Sicht), z. B.
Disziplin dient der Herstellung von Zucht und Ordnung, d. h. Machtausübung auf der Grundlage von Befehl und Gehorsam mit rigider Unterordnung der Betroffenen (Fremdbestimmung)

Die Sozialwissenschaft geht von einem sehr positiven Menschenbild mit leistungsbereiten Mitarbeitern aus, die selbstbestimmt und eigenverantwortlich am besten ihre Fähigkeiten aktivieren können. Ordnungsstrukturen, Regeln und Vorgaben sind ein Greuel, die für eine Entfremdung sorgen. Die geforderte Disziplin fördert dabei die Fremdbestimmung und hält damit eine negative Bewertung.

Aus technikwissenschaftlicher Sicht sind die Normen und Regeln aber notwendig, um eine Orientierungslosigkeit zu verhindern, die für Störungen und Chaos in den Abläufen sorgt. Die einzuhaltende Disziplin ermöglicht erst die Selbstbestimmung und besitzt dadurch einen positiven Aspekt.

Über die MITO-Modellstrukturvorgabe lassen sich wie in Abb. 11.1 gezeigt, die beiden unterschiedlichen Organisationsgestaltungsansätze ausbalanciert miteinander verknüpfen. Auf der Grundlage einer prozessorientierten Organisationsstruktur kann das Management aus Führungssicht mit den sozialwissenschaftlichen Prinzipien über eine partizipative Führungskultur die Mitarbeiter eigenverantwortlich und selbstbestimmt in die Prozessdurchführung einbinden. Die Prozessleistungsbeurteilung nach der Prozessdurchführung erfolgt sachbezogen über die MITO-Leitungsfunktion nach den technikwissenschaftlichen Prinzipien. Das Management ist dann in der Lage, diese Balance zwischen Selbstbestimmung und Fremdbestimmung für ihre Mitarbeiter optimal herzustellen. Zuviel Fremdbestimmung heißt dabei zu viel Einengung durch Überregulierung, zu viel Selbstbestimmung heißt dabei zu viel Handlungsspielräume innerhalb einer Vertrauensorganisation, eventuell bis zur Orientierungslosigkeit. In funktionsorientierten, d. h. vertikalen und arbeitsteiligen Organisationsstrukturen ist eine solche Balance-Findung nicht möglich, weil die hierarchischen Strukturen zu stark auf persönliche Machtausübung ausgerichtet sind. Die Abteilungsschnittstellen und -egoismen verhindern eine durchgängige Optimierung der horizontalen Wertschöpfungskette und unterstützten die Fremdbestimmung und damit auch die Misstrauensorganisation.

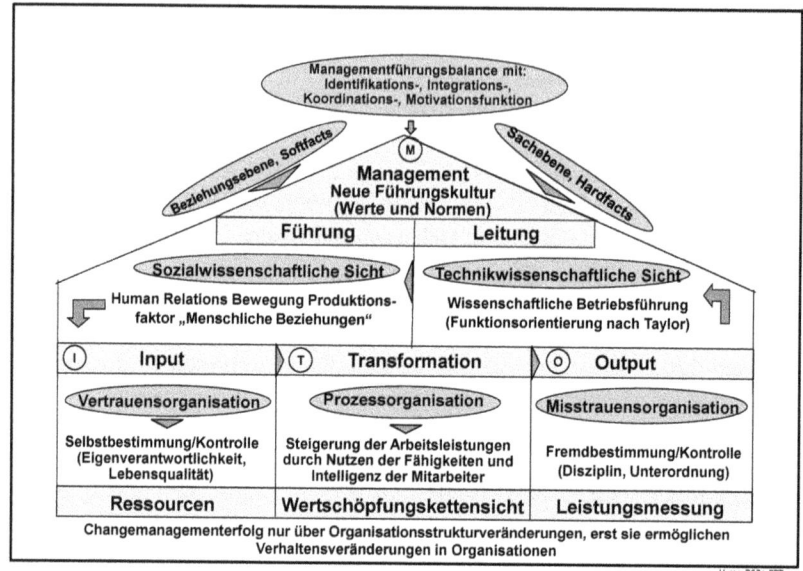

Abb. 11.1 Ziel der MITO-Prozessorganisation: Optimale Mischung von Leistungsprinzip und Eigenverantwortlichkeit

Auch die Frage nach der Arbeitszeitsouveränität von Beschäftigten kann über den prozessorientierten Ansatz sehr strukturiert beantwortet werden. Bezugspunkt dabei ist die durch die prozessorientierte Organisationsstruktur geschaffene Ordnung mit der Einhaltung vorgegebener Leistungsprinzipien. Sie engen in der Regel zwar den selbstbestimmten Handlungsspielraum der Mitarbeiter ein. Dieser Organisationsordnungsrahmen soll aber Vertrauen, Sicherheit und Orientierung vermitteln, ohne die Arbeitsfreude einzuschränken. Hierbei muss durch das Management das Optimum von Fremd- und Selbstbestimmung bei der Produkt- und Dienstleistungserstellung gefunden werden. Damit wird auch die Arbeitszeitsouveränität der Mitarbeiter festgelegt.

Zusammenfassung 12

Die internen und externen Veränderungen mit immer neuen *Megatrends* und damit auch die Wettbewerbssituationen werden sich weiterhin dynamisch entwickeln, sodass sich immer wieder neu aktuelle Anpassungen der Arbeitswelt bzw. der in ihr ablaufenden Prozesse an die neuen Anforderungen des Marktes ergeben. Aus diesem Grund wird die Wandlungs- und Lernfähigkeit eines Unternehmens eine große Bedeutung für die Sicherung der Wettbewerbsfähigkeit erhalten. Es kommt darauf an, möglichst frühzeitig sich bietende Marktchancen oder Umweltveränderungen zu erkennen und sich darauf möglichst schnell und effizient einzustellen. Das Unternehmen sollte in der Lage sein, sein Geschäftsmodell, seine Wettbewerbsstrategien, seine Unternehmenskultur insbesondere aber seine prozessorientierten Strukturen und den bereitgestellten Ressourcen flexibel den ständig ändernden Marktgegebenheiten anzupassen, um auf diese Weise die Arbeitswelt der Zukunft anforderungsgerecht zu gestalten.

Die vorgestellte standardisierte Vorgehensweise zur methodengestützten Veränderungs-, Megatrend- Wandlungs-, Transformations- Changemanagementumsetzung sowie Readiness- und Zukunftsfähigkeitsbewertung verschafft den zuständigen Managern einen schnellen und detaillierten Überblick aus mehreren Analysesichten, bei welchen Veränderungskriterien aktueller Handlungsbedarf zur Sicherung der *Zukunftsfähigkeit* besteht. Das MITO-Methoden-Tool stellt hierfür die Methoden in digitaler Form zusammen mit den Veränderungs-Checklisten bereit. Alle Ergebnisse werden digital als Nachweis dokumentiert.

Mit den im MITO-Tool integrierten QM-, KVP-, Kreativitäts- und KVP-Methoden können anhand einer konfigurierenden Relationsmatrix ergänzend weitere Analysen in Bezug auf die in der MITO-Portfoliomatrix zeilenweise hinterlegten Kriterien durchgeführt werden. Beispielsweise ABC-, Sensitivitäts-, Prioritäts-, Korrelations- oder Risikoanalysen. Über einen paarweisen Vergleich lässt sich ein

Gewichtungsfaktor pro Kriterium bestimmen, der bei allen Analysen in die Bewertung einfließt. Konkret wird bei Einsatz des MITO-Methoden-Tools den Anwendern eine hohe Methodenkompetenz vermittelt, die eine effiziente und effektive Vorgehensweise bei vielen unterschiedlichen Problemlösungen ermöglicht.

Wie in diesem Beitrag detailliert in Abschn. 10.6 beschrieben, kann mit Unterstützung des MITO-Methoden-Tools und den Referenz-Checklisten die Erfüllung dieser Forderungen über einen agilen Changemanagementansatz erfolgen. Beim agilen Vorgehen kommt es darauf an, dass einzelne Details, die am Beginn des *Changemanagement*-Projektes noch nicht zur Verfügung stehen oder aufgrund schnell ändernder Rahmenbedingungen noch nicht determinierbar sind, im Laufe der Durchführung konkretisiert werden. Dazu werden die Vorgaben in einzelne Umsetzungsschritte (Sprints) zerlegt, die ein schnelles Feedback garantieren. Dadurch besteht die Möglichkeit, die erreichten Ergebnisse durch zwischenzeitlich gewonnene Erkenntnisse zu präzisieren und zu modifizieren, dabei gleichzeitig die Praxistauglichkeit zu überprüfen. Über die dargestellte MITO-gestützte Veränderungs-Anforderungsermittlung und -bewertung wird die Aufgabe wesentlich erleichtert, exakt und schnell klare Aussagen für die Ziel- und Maßnahmenableitung bei Anforderungsveränderungen zu erhalten.

Durch die entwickelte toolgestützte Vorgehensweise wird in kürzester Zeit transparent und belastbar ein Unternehmens- bzw. organisationsspezifischer Produkt-, Prozess- oder Geschäftsmodellbezogener Veränderungs- und Handlungsbedarf ermittelt, der die Stärken und Schwächen im Unternehmen sowie die Chancen und Risiken des Unternehmens am Markt aufdeckt und über geeignete Strategien bzw. Maßnahmen in den identifizierten Prozessen beherrschbar und kontrollierbar macht. Auf diese Weise wird für das Management die Voraussetzung geschaffen, um nach einer organisationsspezifischen Veränderungs- und Anforderungsermittlung über eine agile Vorgehensweise die Geschäftsprozesse anzupassen. Die Wandlungsfähigkeit ist somit gesichert.

Was Sie aus diesem *essential* mitnehmen können

Für die systematische Anpassung ihrer Organisation beziehungsweise ihres Unternehmens an die permanenten internen und externen Veränderungen haben Sie kennengelernt:

- Einen standardisierten Ansatz zur Umsetzung von Veränderung-, Change-, Wandlungs- und weiteren Managementkonzepten zur Sicherung der *Zukunftsfähigkeit*
- Ein Methoden-Tool für systematische Analysen, Diagnosen, Therapien und Evaluierungen von Veränderungs- und Wandlungsprozessen
- Die mehrdimensionale Bewertung einer ganzen Anzahl von Referenz- Veränderungs- und Wandlungs- Portfoliomatrizen mit frei wählbaren Bewertungsvarianten zur Entscheidungsfindung
- Einen einheitlichen Lösungsansatz über die MITO-Modellstrukturvorgabe für unterschiedliche Veränderungsansätze und Wandlungskonzepte mit digitaler Nachweiserstellung
- Die Soft- und Hardfactsbezogenen Anforderung an die Führungskräfte bei der Mitarbeiterführung in Veränderungs- und Wandelungskonzepten

Literatur

1. Al-Ani, Ayad; Gattermeyer, Wolfgang (Hrsg.): Change-Management und Unternehmenserfolg –Grundlagen – Methoden – Praxisbeispiele. 2., aktualisierte und erw. Aufl., Gabler-Verlag, Wiesbaden, 2001
2. Fritz Jules Roethlisberger und Elton Mayo: Human Relations in Organisationstheorien (2006). VS Verlag für Sozialwissenschaften
3. Frost, Jetta/Osterloh, Margit: Prozessmanagement als Kernkompetenz. Wie Sie Business Reengineering strategisch nutzen können. Gabler-Verlag, Wiesbaden, 2003
4. Kotter, John.P.: Überzeugen und Durchsetzen. Macht und Einfluß in Organisationen („Power and Influence"). Campus-Verlag, Frankfurt/M. 1989, ISBN 3-593-33809-2
5. Kotter, John.P.: Abschied vom Erbsenzähler. Leadership, a force for change („A force for change"). Econ-Verlag, Düsseldorf 1991, ISBN 3-430-15648-3
6. Kotter, John.P.: Chaos, Wandel, Führung („Leading Change"). Econ-Verlag, Düsseldorf 1997, ISBN 3-430-15663-7
7. Kotter, John.P.: Wie Manager richtig führen („What leaders Really Do"). Hanser, München 1999, ISBN 3-446-21266-3
8. Kotter, John.P.: Das Prinzip Dringlichkeit. Schnell und konsequent handeln im Management („A Sense of Urgency"). Campus-Verlag, Frankfurt/M. 2009, ISBN 978-3-593-38797-0
9. Kotter, John. P.: Excellence in Change Wege zur strategischen Erneuerung, Gabler Verlag Wiesbaden,978-3-8349-4716-1 Veröffentlicht: 13.10.2014
10. Krause, Diana Eva (Hrsg.):Personalauswahl: Die wichtigsten diagnostischen Verfahren für das Human Resources Management, Springer Gabler Verlag, Wiesbaden, 2017
11. Krüger, W.: Excellence in Change – Wege zur strategischen Erneuerung, 3. Aufl., Wiesbaden, 2006
12. Leading Change: Wie Sie Ihr Unternehmen in acht Schritten erfolgreich verändern – gebunden oder broschiert 2011, ISBN: 3800637898
13. Lewin, K.: Feldtheorie und Experiment in der Sozialpsychologie,1939
14. Lewin, Kurt: Kurt-Lewin-Werkausgabe, Hrsg. von C.-F. Graumann, Bd 4. Feldtheorie, Hrsg. von C.-F. Graumann. Bern: Huber, Stuttgart: Klett-Cotta ,1982

15. Lewin, K./Lippitt, R (1938): Eine experimentelle Methode zur Untersuchung von Autokratie und Demokratie,1938. Eine vorläufige Notiz. In: Lück, H.E. (Hrsg.) (2009): Kurt Lewin, Schriften zur angewandten Psychologie. Aufsätze, Vorträge, Rezensionen. Wien: Verlag Krammer. S. 131–138
16. Lewin, Kurt: Feldtheorie in den Sozialwissenschaften. Ausgewählte Schriften. 1. Aufl. Bern: Verlag Hans Huber, S. 168–191, 2012
17. Lewrick Michael: Design-Hinging: Radikale Innovationen in einer digitalisierten Welt. C.H. Beck, München 2018. ISBN: 978-340-672060-4
18. Mintzberg, Henry: The Structuring of Organizations. A Synthesis of the Research. Englewood Chiffs, NJ 1979
19. N.N.: Praktische Wege zu Industrie 4.0. Die Hindernisse digitaler Transformation und wie Hersteller sie überwinden können. Neue Studie von Siemens Financial Services, Frühjahr 2018
20. Obermaier, Robert (Hrsg.): Industrie 4.0 als unternehmerische Gestaltungsaufgabe: Betriebswirtschaftliche, technische und rechtliche Herausforderungen. Verlag Springer Gabler, Berlin Heidelberg 2017. ISBN: 978-3658165260
21. Rademacher, Ingo: Digitalisierung selbst denken: Eine Anleitung, mit der die Transformation gelingt. Business Village GmbH, Göttingen, 2017
22. Ramsauer, Christian; Kayser, Detlef; Schmitz, Christoph: Erfolgsfaktor Agilität: Chancen für Unternehmen in einem volatilen Marktumfeld. 1. Aufl. Wiley-VCH, Weinheim, o.J. ISBN 978-3-527-50901-0
23. Reinhart, Gunther (Hrsg.): Handbuch Industrie 4.0: Geschäftsmodelle, Prozesse, Technik, Carl Hanser Verlag, München, 2017
24. Scholz-Reiter, B.: Höhns, H.: König, F.: Müller , D. H.; Gsell, H. (2003): Kollaboratives Änderungs-management-Bedeutung des technischen Änderungsmanagements im Rahmen des Collaborative Engineering, in: Industrie Management 19.5.2003, S. 45–49
25. Schwab, Klaus: Die Zukunft der Vierten Industriellen Revolution. Wie wir den digitalen Wandel gemeinsam gestalten. Deutsche Verlags-Anstalt, München 2019.
26. Specht, Philip: Die 50 wichtigsten Themen der Digitalisierung. Künstliche Intelligenz, Blöckchen, Bitcoin, Virtual Reality und vieles mehr verständlich erklärt. Redline Verlag, München 2018
27. Springer, R.: Wettbewerbsfähigkeit durch Innovationen – Erfolgreiches Management organisatorischer Veränderungen, Berlin u. a. 2004
28. Vahs, D.: Organisation, Einführung in die Organisationstheorie und -praxis, 8. Aufl., Stuttgart (2012)
29. Van Alphen, Christian; Bärtle, Doris (Projektleitung) u. a: Studie Digitale Transformation 2018
30. Volkens, Bettina; Anderson, Kai: Digital human: Der Mensch im Mittelpunkt der Digitalisierung. Campus Verlag, Frankfurt/New York 2017
31. Wildemann, H.: Leitfaden Änderungsmanagement zur Einführung eines effizienten Managements technischer Änderungen, 10. Aufl., München 2002
32. Zöller, Sascha: Ja zur Digitalisierung! Mit der richtigen Einstellung die *Zukunftsfähigkeit* des Unternehmens sichern. Springer Fachmedien Wiesbaden GmbH, ein Teil von Springer Nature, 2019

GPSR Compliance

The European Union's (EU) General Product Safety Regulation (GPSR) is a set of rules that requires consumer products to be safe and our obligations to ensure this.

If you have any concerns about our products, you can contact us on

ProductSafety@springernature.com

In case Publisher is established outside the EU, the EU authorized representative is:

Springer Nature Customer Service Center GmbH
Europaplatz 3
69115 Heidelberg, Germany

www.ingramcontent.com/pod-product-compliance
Ingram Content Group UK Ltd.
Pitfield, Milton Keynes, MK11 3LW, UK
UKHW022236230426
12048UKWH00018BA/1286